Kochen mit **Dörrfrüchten**

Marianna Buser

Kochen mit Dörrfrüchten

MIDENA

Die Deutsche Bibliothek - CIP Einheitsaufnahme

Buser Marianna:
Kochen mit Dörrfrüchten / Marianna Buser.
Küttigen/Aarau : Midena ; Augsburg : Weltbild, 1999
ISBN 3-310-00322-1

Alleinvertrieb für Deutschland:
Weltbild Ratgeber Verlage GmbH & Co. KG, 86167 Augsburg

Gestaltung Umschlag: Dora Eichenberger-Hirter, Birrwil
Gestaltung Inhalt: Ursula Mötteli, Grafikdesign, Aarau
Fotos: Evelyn und Hans-Peter König, Zürich; Seiten 73 und 77 aus Aepli/Backen in der Advents- und Weihnachtszeit (Fotograf: Hansjörg Volkart)
Lithos: Neue Schwitter AG, Allschwil
Satz und Digitalvorlagen: Kneuss Satz AG, Lenzburg
Druck und Bindung: Neue Stalling, Oldenburg

ISBN 3-310-00322-1

Inhalt

11 Vorwort

Einführung

12 Apfel
13 Ananas
14 Aprikose
16 Birne
17 Dattel
18 Feige
19 Kirschen
20 Mango
21 Pflaume
22 Rosinen, Sultaninen, Korinthen
24 Wichtige Fachausdrücke
25 Gesundheitlicher Wert
26 Das Dörren zu Hause
28 Aufbewahren von Dörrfrüchten

Aperitif – Vorspeisen

30 Poire «Mariann»
Käsekugeln surprise
33 Prunes «André»
Antonias Pflaumen im Speckmantel
34 Gefüllter Tomme
Aperitif-Datteln
35 Blaukäsemousse
Käse-Dörrfrüchte-Spießchen
36 Brioches mit Dörrbirnen und Käse
Sablés mit Korinthen und Kokosraspeln
38 Gefüllter Fenchel an Nussvinaigrette
41 Joggelis Käsewähe mit Dörrbirnen

Salate

42 Fenchelsalat mit Dörrbirnen und Kumquats
Feldsalat mit getrockneten Mangostreifen
44 Japanischer Weißkohlsalat mit Dörrkirschen
Chinakohlsalat mit Datteln
45 Gelber Blumenkohlsalat mit Rosinen
Würzger Rotkohlsalat mit Rosinen
47 Brüsseler Endiviensalat mit Dörrkirschen
Selleriesalat mit Äpfeln und Dörrpflaumen
48 Lauchsalat mit Dörrpflaumen
Möhrensalat mit Korinthen
49 Lauwarmer Linsensalat mit Feigen
Wintersalat mit Feigen

Hauptgerichte

50 Salatpäckchen mit Gersten-Feigen-Füllung
52 Chutney aus Dörraprikosen
53 Gemüsecurry mit Dörrfrüchten
54 Griechischer Reis
Topinambur an Dörrpflaumensauce
55 Sauerkraut mit getrockneten Ananas
Gemüsepaprika mit Sultaninen und Mandeln
56 Tropical Tofu
59 «Hot-Koko» – Hackfleisch mit Sultaninen
60 Schwarzwurzeln an Orangen-Dattel-Sauce
61 Fleischstreifen sweet and sour
62 Mango-Chutney
63 Tom's Kashmir Curry
65 Fleischrouladen mit Dörrfrüchtefüllung
66 Marokkanisches Lammragout
67 Kalbsrollbraten mit Dörraprikosenfüllung

Süßes Gebäck

68 Vollkornbrötchen mit Dörrfrüchten
70 Dörrfrüchtekuchen
71 Annas Birnenwecken
72 Winterriegel
Glarner Pastetchen
73 Omas Hutzelebrot
75 Schoko-Rosinen-Cake
76 Ananascake
77 Früchte-Muffins

Desserts

78 Orangenköpfchen an Dattelsauce
80 Aprikosencreme
Jamaica-Parfait
81 Erfrisches Sauermilchdessert mit Dörraprikosen und Feigen
Süßer Hirsebrei mit Dörrfrüchten
82 Feigenmousse
Mangomousse
84 Feigen im Gewürztraminer mit Ingwerschaum
85 Winterlicher Fruchtsalat
Orangen-Dattel-Salat
87 Rotweinfeigen mit Nusscreme
88 Grießroulade mit Aprikosenfüllung
90 Dattelterrine an Orangensauce
92 Produkteinfo

Abkürzungen

EL = Esslöffel
TL = Teelöffel
ml = Milliliter
dl = Deziliter

Wo nicht anders vermerkt, sind die Rezepte für 4 Personen berechnet.

Herzlichen Dank

Die Idee zu diesem Buch hat mir die Firma Vanadis mit ihrem breiten Dörrfrüchte-Angebot geliefert. Für die «Versuchsküche» wurde ich großzügig mit Dörrfrüchten eingedeckt, zudem wurde mir viel wertvolles Material zum Thema zur Verfügung gestellt.

Ursula Knuchel hat mit spitzem Bleistift meine Rezepte und Texte geprüft.

Christoph Stadelmann hat schon fast im Schlaf Texte und Rezepte am Computer erfasst.

Viele TestesserInnen haben meine Gerichte degustiert und mit ihrem Lob und ihrer Kritik zum guten Gelingen dieses Buches beigetragen.

Dörrfrüchte sind so etwas wie der verlängerte Arm eines heißen, unvergesslichen Sommers!

Das Dörren und Trocknen dürfte die älteste Form sein, Lebensmittel haltbar zu machen. Schon sehr früh hat man entdeckt, dass die Sonnenwärme ein idealer «Partner» für das Konservieren von Lebensmitteln ist. Durch Entzug von Wasser wird das vorzeitige Verderben verhindert.

Bestimmt haben die ganzjährigen Importe von Früchten, nebst Kühllagerung und Tiefkühlung, das Dörren und Trocknen leider etwas verdrängt.
Wer Dörrfrüchte konsumiert, schätzt das untrügerische fruchtige Aroma von Äpfeln, Aprikosen, Pflaumen, Datteln …

Dörrfrüchte waren immer eine beliebte Zwischenverpflegung und Proviant für Groß und Klein. In der Vorweihnachtszeit gehören sie genauso in den Nikolaussack wie in mancherlei Backwaren. Weniger bekannt ist die vielseitige Verwendung der Dörrfrüchte in der Alltagsküche. Entdecken Sie mit mir die fruchtige Herbst- und Winterküche!

Marianna Buser

Apfel

Die Heimat des Apfels liegt zwischen dem Schwarzen Meer und dem Kaspischen Meer. Im Laufe vieler Tausend Jahre hat sich der Apfel über den ganzen Erdball verbreitet. Im 9. Jahrhundert zählte man 4 oder 5 Apfelsorten, im 17. Jahrhundert waren es bereits 200, und heute dürften es mehr als 1500 sein. Nur wenige Sorten werden für den Intensiv-Obstbau verwendet.

Schöne, alte Hochstammbäume im Streubau mussten in den vergangenen Jahrzehnten immer mehr Niederstammbäumen in Intensivkulturen weichen. Niederstammbäume werfen mehr Ertrag ab und sind weniger arbeitsintensiv; die Sortenvielfalt hat dabei sehr gelitten.

Der Apfel enthält zahlreiche Fruchtsäuren (Zitronen-, Bernstein- und Milchsäure), über 20 Mineralstoffe und die Vitamine A, B_1, B_2, E, vor allem aber viel Vitamin C.

Für Dörräpfel werden die Früchte zuerst gewaschen und eventuell geschält. Das Kerngehäuse wird ausgestochen und die Frucht in Ringe oder Schnitze geschnitten. Für Bio-Qualität werden die Früchte zuerst kurz in Zitronenwasser eingelegt und anschließend auf Gittern in Trocknungsanlagen gedörrt. In der konventionellen Produktion werden die Früchte geschwefelt, um ein Verfärben des Fruchtfleisches zu verhindern. Nach dem Dörren wird das Obst begast.

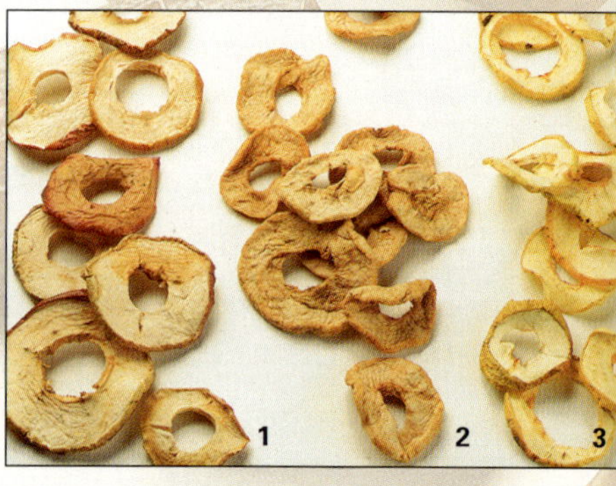

1
Apfelringe mit Schale, Sorte Jonathan. Herkunft: Schweiz.

2
Apfelringe ohne Schale. Herkunft: USA.

3
Apfelringe mit Schale, Sorte: Boskoop. Herkunft: Schweiz.

Ananas

Die Ananas wurde 1493 von Christoph Columbus auf Guadeloupe, einer westindischen Insel, entdeckt. Ihre Urheimat ist vermutlich Paraguay. Die Ananaspflanze besteht im wesentlichen aus einer großen Blattrosette mit bis zu 90 cm langen und etwa 6 cm breiten Blättern mit scharfer Spitze, die meist Randstacheln tragen. Aus der Mitte treibt nach 12 bis 18 Monaten die fleischig werdende Blütenachse. Daraus entwickelt sich eine 1 bis 4 kg schwere Frucht. Je ausgeprägter die Schuppen der Schale, desto aromatischer ist das Fruchtfleisch, das gelb bis rötlich gefärbt sein kann und ein köstliches Aroma hat. Es gibt weit über 100 Ananassorten. Heute werden Ananas vor allem in Afrika an der Elfenbeinküste sowie in Guinea, Kamerun, Kenia, Südafrika, Honduras und Mexiko produziert. Der Anbau in Gewächshäusern auf den Azoren ist im Vergleich zu den erstgenannten Gebieten eher bescheiden.

1
Ananasstückchen.
Geschmack/Konsistenz: feines, süßes, erfrischendes Aroma, festes Fruchtfleisch, solargetrocknet.
Herkunft: Uganda.

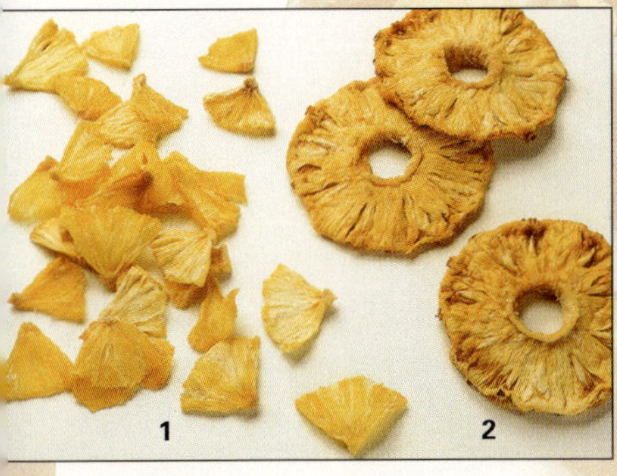

Neben Aromastoffen enthält die Ananas wertvolle Mineralstoffe, Fruchtzucker, Fruchtsäuren, Provitamin A, Vitamine der B-Gruppe und wenig Vitamin C.

Für die Herstellung von getrockneten Ananas werden die vollreifen Früchte geschält und der holzige Strunk entfernt. Nun wird die Frucht entweder in Ringe oder Stückchen geschnitten und getrocknet. Für Bio-Qualität werden auch Solartrockner eingesetzt. Die dunkel verfärbten Dörrananas schmecken intensiver und sind süßer. In der konventionellen Produktion werden die Ananas begast und oft in eine Zuckerlösung getaucht.

2
Ananasringe.
Geschmack/Konsistenz: süßes, erfrischendes Aroma, eher weiches Fruchtfleisch.
Herkunft: Kolumbien.

Aprikose

Die Aprikosen stammen ursprünglich aus China. Von dort sind sie über Armenien nach Italien gelangt, wo sie unter dem Namen «malus praecox» bereits den Speisezettel der Römer bereichert haben.

Die Pflege von Aprikosenkulturen ist aufwendig. Die Bäume tragen erst nach 4 Jahren Früchte, den vollen Ertrag bringen sie meistens erst nach weiteren 4 Jahren Heute gedeihen Aprikosen in allen Ländern rund um das Mittelmeer. Kleinere Anbaugebiete findet man auch in milden nördlichen Regionen. Hier sind die Aprikosen ausschließlich für den Frischverzehr bestimmt. Hauptanbaugebiete für Dörraprikosen sind die Türkei, Iran, Australien sowie Nord- und Südamerika.

1
Sorte «Malatia», süß, ganze Früchte. Geschmack/Konsistenz: süß, weiches Fleisch. Herkunft: Türkei

2
Aprikosen, wild, Fruchthälften. Geschmack/Konsistenz: leicht sauer, aromatisch, festes Fleisch. Herkunft: Israel.

Die Steinfrüchte werden 4 bis 8 cm groß, sie können kugelig bis eiförmig sein. Die Haut ist rauh bis samtartig, der Sonnenseite zugewandt oft gerötet. Das Fruchtfleisch reifer Aprikosen kann tief gelb bis intensiv orange sein. Nur am Baum gereifte Früchte sind auch saftig und aromatisch. Eine Nachreifung im Lagerraum ist nicht möglich.

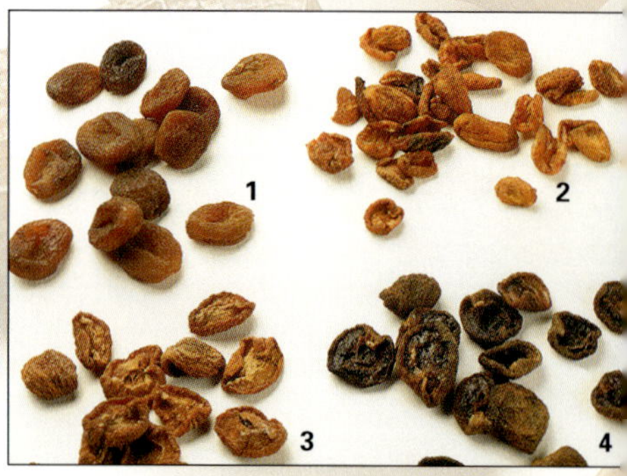

Die Aprikosen enthalten Apfel- und Zitronensäure, zudem sind sie reich an Mineralstoffen (Eisen) und Vitamin C. Dörraprikosen sind bezüglich Karotingehalt Spitzenreiter unter den Früchten. In einigen Ländern wird auch der im Stein eingeschlossene Kern verarbeitet, und zwar zu Speiseöl, Likör oder Persipan, einem billigen Ersatz für Marzipan.

3
Aprikosen, wild, Fruchthälften. Geschmack/Konsistenz: sauer, erfrischend, festes Fleisch. Herkunft: Türkei.

4
Aprikosen, sauer, Fruchthälften. Geschmack/Konsistenz: sauer, festes Fleisch. Herkunft: USA.

Dörraprikosen in Bio-Qualität werden nach der Ernte gewaschen, entsteint, getrocknet, gewaschen, nochmals getrocknet, leicht mit Sonnenblumenöl geölt und dann verpackt. Die Früchte sind von dunklerer Farbe als die handelsüblichen Dörraprikosen aus konventioneller Produktion. Konventionelle Früchte werden vor dem Trocknen geschwefelt, die leuchtend orange Farbe bleibt dadurch erhalten. Nach dem Trocknen werden die Früchte begast und teilweise auf Aflatoxine untersucht.

Banane

Die Banane ist ursprünglich in Asien beheimatet. Sie ist eine unserer ältesten Kulturpflanzen, die erst Ende des 19. Jahrhunderts nach Europa eingeführt worden ist. Heute rangiert die Banane bezüglich Beliebtheit und Verzehr auf Platz 2, hinter dem Apfel.

Es gibt sehr viele Bananen-Anbauländer, die wichtigsten sind in Süd- und Mittelamerika, Afrika, Asien, auf den Antillen und den Kanarischen Inseln. Die Obstbananen sind die mit Abstand wichtigste Bananenart. Es gibt rund 400 Sorten, für den Großhandel wird nur eine Sorte angepflanzt. Im Handel gibt es auch die Rote Banane, die ein intensives Aroma hat; die Schale ist rötlichbraun, das Fruchtfleisch rötlich. Kleinere Bananenarten sind die Apfelbanane und die Babybanane. Die Apfelbanane hat ein leicht säuerliches und entfernt an Apfel erinnerndes Aroma. Die Babybanane ist eine kleinwüchsig gezüchtete Frucht mit intensivem Aroma.

1
Bananen, ganze Früchte. Geschmack/Konsistenz: süß, weiches Fleisch. Herkunft: USA.

2
Apfelbananen, Fruchthälften. Geschmack/Konsistenz: leicht säuerlich, erfrischend, festes Fleisch. Herkunft: Uganda.

Die Banane ist reich an Kohlenhydraten, die rasch zu einer guten Sättigung führen und zudem ein wertvoller Energielieferant sind. Die Frucht ist zudem reich an Mineralstoffen, insbesondere an Kalium.

Bananen werden immer grün geerntet, sei es für den Export oder den Eigenbedarf. Wenn die Frucht an der Pflanze ausreift, wird sie rasch mehlig und beginnt zu faulen. Die Stauden werden in den Plantagen mit einem Schlagmesser (Machete) umgehauen und die Fruchtstände abgeschnitten. Nun beginnt in der Banane die Umwandlung von Stärke in Zucker.

Für die Dörrbananen-Produktion werden die nicht ganz ausgereiften Bananen geschält, entweder ganz belassen oder halbiert oder in Scheiben (Chips) geschnitten. Für Bio-Qualität werden die Früchte unbehandelt getrocknet, oft in Solartrocknern. Konventionelle Bananen werden geschwefelt und begast.

Birne

Nebst dem Apfel gehört die Birne zu den wichtigsten einheimischen Obstsorten, obwohl sie von ihrer Herkunft her ein Exot ist. Der wilde Birnbaum stammt aus dem westlichen Asien. Er wurde schon sehr früh von den Griechen kultiviert. Bei uns verwilderte der Baum wieder; erst vor 400 Jahren nahmen die Franzosen die Birnbaumzüchtung wieder auf. Könige und Fürsten schätzten die Birne so sehr, dass immer nach neuen Sorten gesucht wurde. Bereits Anfang des 17. Jahrhunderts waren es 260 Sorten, heute dürften es weltweit etwa 2500 sein. Die besten Sorten stammen aus Frankreich und Belgien. Für den Handel werden nur etwa 20 Sorten angebaut.

Die Birnen sind reich an Mineralstoffen, Vitamin C und verschiedenen Aromastoffen.

Für Dörrbirnen werden die Früchte zuerst gewaschen, dann samt Schale halbiert und das Kerngehäuse entfernt. Auf Gittern werden die Früchte in speziellen Dörröfen getrocknet. Eine Delikatesse ist die Weichspeckbirne, für die große Sorten wie z. B. «Gute Louise» verwendet werden. Zuerst wird die ganze Frucht bei 60 Grad auf 70% Wassergehalt getrocknet, anschließend gelagert, dann gekocht und nochmals getrocknet.

Aus weniger schönen Birnen und Fallobst wird Birnensaft und Birnendicksaft hergestellt.

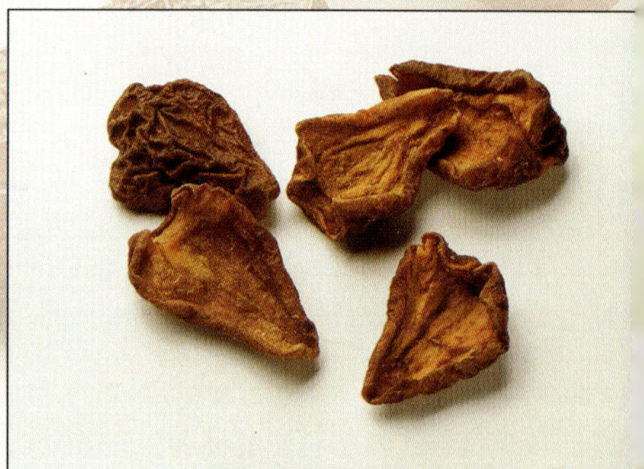

Birnen, Fruchthälften. Geschmack/Konsistenz: süß, aromatisch, halbhartes Fruchtfleisch. Herkunft: USA.

Dattel

Die Dattelpalme gehört zu den ältesten Kulturpflanzen. Schon vor 5000 Jahren war die von den Babyloniern veredelte Pflanze in allen Wüstenländern des Vorderen Orients verbreitet. Die Dattelpalme kann 20 bis 30 Meter hoch werden, ihre Wurzeln können bei Wassersuche bis 12 Meter in die Tiefe wachsen. Eine Dattelpalme wird bis zu 200 Jahre alt. Den größten Ertrag bringt sie zwischen dem 30. und 80. Lebensjahr. Die weiblichen Bäume tragen durchschnittlich 8 bis 10 Blütenrispen, an denen 100 bis 200 Beerenfrüchte reifen. Die Früchte sind länglich, oval bis rundlich und in der Farbe von cognac, rötlichbraun bis dunkelbraun. Im Inneren der Frucht befindet sich ein ungenießbarer graubrauner Stein. Das Fruchtaroma ist sehr delikat und honigsüß. Die Königin unter den Dattelsorten ist die «Medjool». Sie stammt ursprünglich aus Nordafrika und wird heute in Kalifornien großflächig kultiviert. Sie muss von Hand geerntet werden, da nicht alle Datteln zur gleichen Zeit reif sind. Bei der Ernte von «Deglet Nour», der bekanntesten Sorte, werden die ganzen Fruchtstämme abgeschlagen.

Datteln enthalten zahlreiche leicht verdauliche Zuckerarten, pflanzliches Eiweiß, Mineralstoffe (Kalzium, Phosphor und Magnesium) und Vitamine der B-Gruppe und Vitamin D. Aufgrund ihres hohen Energiewertes werden sie auch das «Brot der Wüste» genannt.

Hauptlieferanten für getrocknete Datteln sind Algerien, Tunesien, Israel, Iran und die USA.

Bio-Datteln werden nach dem Trocknen gewaschen, nochmals getrocknet und schockgefroren. Entweder werden die Früchte an den Rispen oder lose verpackt. Konventionelle Datteln werden getrocknet, pasteurisiert, mit Methylbromid begast, nach Größe sortiert, gewaschen, getrocknet, verpackt und nochmals begast. Nebst den Trockenfrüchten gibt es im Handel auch Dattelhonig (Presssaft), Dattelpralinen und Dattelbrot.

1
Sorte «Deglet Nour an Rispe». Verführerisches Nougataroma, das Fruchtfleisch hat Biss. Herkunft: Tunesien.
2
Sorte «Medjool». Feinstes Karamell-Kakao-Aroma, zartes Fruchtfleisch. Herkunft: Kalifornien, USA.
3
Sorte «Medjool», große Früchte. Feinstes Karamell-Kakao-Aroma, zartes Fruchtfleisch. Herkunft: Kalifornien, USA.
4
Sorte «Bahree». Weiches Karamell-Mokka-Aroma, cremiges Fruchtfleisch von zarter Konsistenz. Herkunft: Kalifornien, USA.

5
Sorte «Deglet Nour», meistverkaufte Sorte. Verführerisches Nougataroma, Fruchtfleisch mit Biss. Herkunft: Tunesien.
6
Sorte «Halawi». Besonders weiches Karamellbonbon, Herkunft: Kalifornien, USA.
7
Sorte «Shinx». Orangen-Schokoladen-Aroma, knackiges Fruchtfleisch. Herkunft: Kalifonien, USA.

Feige

Es ist nicht ganz klar, wo die Feige ihre Wurzeln hat. Sie war bereits 3500 v. Chr. den Ägyptern bekannt; die Früchte wurden als Wegzehrung für die Reise ins Jenseits in die Totenkammern der Pyramiden gelegt. Phönizische Seefahrer brachten die Feige nach Rom. Heute gedeihen Feigenbäume in der Türkei, in den Mittelmeerländern, in Kalifornien und Australien. Hauptlieferant für Dörrfeigen ist die Türkei.

Frische Feigen sind birnenförmig und von grüner oder violetter Farbe. Das rote Fleisch ist saftig und süß. Es enthält zahlreiche kleine verdauungsfördernde Kerne. Durch das Trocknen in der Sonne oder in besonderen Öfen bekommen die Früchte eine runde, flache Form, eine grau gesprenkelte oder bräunliche Farbe und ein honigartiges Aroma. Die Feigen enthalten reichlich wertvollen Fruchtzucker, Provitamin A, Kalzium, Kalium, Magnesium, Eisen und Phosphor. Die ersten frisch getrockneten Feigen kommen Ende September in den Handel.

Die Feigen sind sehr anfällig gegen Ungeziefer. Biologische Feigen werden unmittelbar nach der Ente schockgefroren, damit Insekteneier oder Larven abgetötet werden. Dann werden die Früchte gewaschen, getrocknet, sortiert und auf Aflatoxin untersucht.

Im konventionellen Anbau hat man versucht, den Ertrag durch Kunstdüngung zu steigern. Dieser Versuch ist gescheitert. Schnellwüchsige Bäume und schlechte Qualität der Früchte waren das Resultat. Konventionelle Feigen werden gegen Befall von Dörrobstmotten mit Methylbromid begast. Oft werden sie zusätzlich kurz in Salzwasser gekocht oder mit Wasserdampf behandelt.

Anfangs der Saison werden die Feigen normalerweise als «Protoben-Typ» verkauft. Die Früchte werden vor dem Verpacken in die ursprüngliche Birnenform aufgedämpft und von Hand in Kartons gelegt.

1
Sorte «Wilde iranische Feige». Geschmack/Konsistenz: nussiges Aroma, festes, knackiges Fruchtfleisch. Herkunft: Iran.

2
Sorte «Blackmission». Geschmack/Konsistenz: aromatisches, schweres Feigenaroma, weiches Fruchtfleisch. Herkunft: Kalifornien, USA.

3
Sorte «Protoben» (meist verkaufte Sorte). Geschmack/Konsistenz: feines, mildes Feigenaroma, weiches Fruchtfleisch. Herkunft: Türkei.

Kirschen

Im Kaukasus und in Kleinasien haben sich aus der Vogelkirsche und einer Wildform der Sauerkirsche zahlreiche Kultursorten entwickeln können. Die Kirsche hatte rund um das Schwarze Meer schon sehr früh eine große Bedeutung. Die Stadt «Kerasus» verdankt ihr sogar den Namen. Von dort brachte der römische Feldherr Lucullus, 74 v. Chr., Kirschbäumchen nach Rom. Es handelte sich wahrscheinlich um veredelte Süßkirschen. Nördlich der Alpen wurden zwar bereits in der Jungstein- und Bronzezeit Kirschen gesammelt, es handelte sich aber um minderwertige Sorten. Erst mit den Römern gelangten kultivierte Sorten in unsere Gegend. Heute werden 75% der Kirschen in Europa produziert. Mehrheitlich werden Süß- und in kleinen Mengen Sauerkirschen angebaut.

Erntefrische Kirschen sind äußerst delikate Früchte; bei längerer Lagerung verlieren sie rasch an Knackigkeit. Kirschen frisch vom Baum schmecken immer noch am besten. Vielleicht sollte sich der Konsument bei dieser süßen Frucht vermehrt auf «Bezug ab Hof» konzentrieren. Und vielleicht könnte damit der rückläufige Absatz wieder aufgefangen werden!

Kirschen enthalten die Vitamine A, C und E sowie verschiedene Mineralstoffe, unter anderem Fluor. Die Steinfrüchte sind sehr bekömmlich und leicht verdaulich. Der Markt für Dörrkirschen ist klein. Ich konnte sie nur im Bio-Handel finden. Die reifen Früchte werden geerntet, gewaschen und entsteint. In Trocknungsöfen werden die Kirschen schonend getrocknet und anschließend verpackt.

1
Sauerkirschen. Geschmack/ Konsistenz: leicht saures, erfrischendes Aroma, weiches Fruchtfleisch.
Herkunft: Türkei.

2
Tafelkirschen. Geschmack/ Konsistenz: leicht sauer, festes Fruchtfleisch.
Herkunft: Schweiz.

Mango

Die Heimat der Mango ist Ostasien. In Indien wurden Mangos schon vor über 4000 Jahren an den fruchtbaren Ufern des Ganges kultiviert. Für die Inder ist die Mango die beste Frucht der Welt und zugleich Nationalfrucht; sie soll geheimnisvolle Kräfte besitzen. Indien produziert so viele Mangos wie die restlichen Anbauländer zusammen. Weitere Anbaugebiete sind Südafrika, Florida und Israel.

Mangos sind Steinfrüchte eines gigantischen, 10 bis 30 m hohen immergrünen Baumes. Die Sortenvielfalt ist sehr groß, es sollen weit über 1000 sein. Die Frucht kann die Größe einer Pflaume oder einer Melone haben. Die Haut ist grün bis grün-gelb oder orange bis rot. Das faserige Fruchtfleisch ist orange. Wegen ihres köstlichen Aromas nennt man sie auch «Königin der Früchte».

Mangos enthalten viel Kalzium und Eisen sowie Vitamine. Herausragend ist der Provitamin-A-Gehalt; keine andere Obstart erreicht diesen Wert. Mangos fördern die Verdauung.

Mango. Geschmack/Konsistenz: erfrischendes, intensives Aroma; festes, faseriges Fruchtfleisch, solargetrocknet. Herkunft: Mexiko.

Für getrocknete Mangos werden die Früchte gewaschen, geschält und rund um den Stein in Streifen geschnitten. Um einer Oxidation der schönen orangen Farbe vorzubeugen, werden Mangos für Bio-Qualität in Zitronensaft getränkt, dann auf feine Gitter gelegt und zum Trocknen in den Ofen geschoben. Für konventionelle Ware werden die Mangostreifen geschwefelt, begast und zum Teil in Kristallzucker gewendet.

Pflaume

Zur Familie der Pflaume gehören Pflaume, Zwetschge, Reineclaude und Mirabelle. Der Pflaumenbaum ist ein Rosengewächs; er ist eine Züchtung aus asiatischen Wildpflanzen. Um Christi Geburt verbreiteten Griechen und Römer den Pflaumenbaum, um das Obst als Nahrungsmittel und das Harz als Arzneimittel zu nutzen. Heute kennt man weltweit über 2000 Pflaumensorten.

Die Pflaume ist rundlich bis oval und hat eine rotblaue bis blaue Farbe. Das Fruchtfleisch ist grüngelblich bis goldgelb und bei guter Reife weich. Der Stein ist rundlich und nicht immer leicht zu lösen. Die Früchte enthalten reichlich Invertzucker, Provitamin A, B_1, B_2 und C. Von alters her bekannt ist die abführende Wirkung der Dörrpflaume bei Darmträgheit.

Die Pflaumen werden mit Rüttelmaschinen geerntet und mit Förderbändern gesammelt. Das Obst wird zuerst mehrmals gewaschen und anschließend auf Gittern ausgebreitet. In Trockentunnels werden die Früchte getrocknet, entsteint und nach Größe sortiert. Sie haben nach dem Trocknungsprozess einen Wassergehalt von etwa 16%. Die Dörrpflaumen werden nun in Kühlräumen gelagert und auf Bestellung weiterverarbeitet, d. h. in Wasser eingelegt und im Warmluftofen nochmals getrocknet. Der Wassergehalt liegt jetzt zwischen 21 und 23%. Nach dem Abpacken werden die Beutel bei 60 bis 70 Grad pasteurisiert, um ein Schimmeln und Gären zu verhindern. Dieses Verfahren wird bei Bio-Qualität und konventioneller Qualität angewandt.

Agen-Pflaumen (ohne Stein). Geschmack/Konsistenz: intensives, fruchtiges Aroma und weiches, saftiges Fruchtfleisch. Herkunft: Frankreich.

Rosinen, Sultaninen und Korinthen

Für Rosinen, Korinthen und Sultaninen braucht es drei verschiedene Weintraubensorten. die alle von der Weinrebe «Vitis vinifera» abstammen. Wahrscheinlich entdeckte man die Rosinen, als einmal aus Versehen Weintrauben an der Rebe trockneten. Die Phönizier und Armenier waren die ersten, die um 1000 v. Chr. den Rebbau förderten und perfektionierten. Die Türkei, der Iran und der Irak hatten ein ideales Klima für den Rebbau und waren auch nahe der ersten Märkte für Rosinen in Griechenland, Rom und Persien. Rosinen waren so wertvoll, dass im alten Rom ein Sklave gegen zwei Schüsseln der getrockneten Früchte getauscht werden konnte. Die Armenier waren die ersten, denen die Züchtung einer kernenlosen, hellen Traube gelang.

Der Begriff «Rosinen» wird als Sammelbegriff oder Synonym für alle getrockneten Weinbeeren verwendet. Rosinen enthalten 65 bis 75% Fruchtzucker, ferner Mineralstoffe und organische Säuren.

1
Große Weinbeeren. Geschmack/Konsistenz: zuckersüß, weiches Fruchtfleisch. Herkunft: Spanien.

2
Korinthen. Geschmack/Konsistenz: aromatisch und gehaltvoll, festes Fruchtfleisch. Herkunft: Griechenland.

3
Rosinen. Geschmack/Konsistenz: süßes Aroma, weiches Fruchtfleisch. Herkunft: Türkei.

4
Sultaninen, hell. Geschmack/Konsistenz: süßes Aroma, weiches Fruchtfleisch. Herkunft: Türkei.

5
Sultaninen, dunkel. Geschmack/Konsistenz: süßes Aroma, weiches Fruchtfleisch. Herkunft: Türkei.

Für die Rosinenproduktion bleiben die Trauben bis zur Überreife am Rebstock. Danach werden sie für Bio-Qualität in einer Lösung von Kaliumcarbonat (4,5%), Olivenöl und Wasser «gedippt». Diese Lösung bewirkt, dass die Oberfläche der Frucht aufgerauht, durchlässiger und etwas heller wird. Die Trocknungszeit im Freien beträgt so statt 3 Wochen nur 7 bis 10 Tage. Die Verkürzung der Trocknungszeit vermindert den Ungezieferbefall. Bei konventioneller Produktion werden die Trauben vor dem Trocknen in ein Schwefelbad gelegt, was ebenfalls ein Aufrauhen der Oberfläche und eine deutliche Aufhellung der Beeren bewirkt. Danach findet die Luft- oder Ofentrocknung statt. Die getrockneten Rosinen werden dann von den Stielen befreit, mehrmals gewaschen, getrocknet und sortiert. Leichtes Ölen vor dem Verpacken verhindert das Verkleben. Konventionelle Rosinen werden mit Methylbromid begast.

Rosinen

Unter diesem Namen werden alle Rosinenarten zusammengefasst, kernenlose und kernenhaltige. Produziert werden die Weinbeeren in den USA, in Spanien und Griechenland.

Sultaninen oder Sultanas

Sultaninen sind erbsengroß, rundlich, kernenlos und goldgelb bis dunkelgelb. Die «Sultaninen-Trauben» wurden wahrscheinlich so benannt, weil sie früher exklusiv für die regierenden Sultane angebaut worden sind. Hauptanbaugebiet sind heute die Türkei und Griechenland.

Korinthen

Korinthen sind linsengroße, bläulich-schwarze getrocknete Weinbeeren. Ihren Namen verdanken sie der geschichtsträchtigen Stadt Korinth. Sie werden fast ausschließlich auf dem Peloponnes und der vorgelagerten Insel Kefalonia produziert. Die weltweit bekannte, qualitativ beste Sorte kommt aus der Vostizza-Gegend. Sie ist intensiv im Geschmack, nicht zuckersüß und eignet sich hervorragend zum Kochen und Backen.

Wichtige Fachausdrücke

Schockgefrieren

Gemäß EU-Bioverordnung zugelassene Schädlingsbekämpfungs-Methode, die bei hochsensiblen Dörrfrüchten wie Feigen, Datteln und teilweise auch bei Aprikosen angewandt wird. Die frisch geernteten Früchte werden in Säcke gefüllt und während 24 Stunden bei minus 40 Grad schockgefroren, um mögliche Eier oder Larven der Dörrobstmotte (Plodia interpunctella) abzutöten. Diese Methode erfordert viel Sachverständnis. Nur so hat man die Garantie, dass die Früchte ihre Form behalten, kein Wasser aufnehmen und sich auch geschmacklich nicht verändern.

Druckentwesung

Gemäß EU-Bioverordnung zugelassene Schädlingsbekämpfungs-Methode, die bei hochsensiblen Dörrfrüchten wie Feigen, Datteln und teilweise auch bei Aprikosen angewandt wird. Die Dörrfrüchte kommen bei möglichem oder sichtbarem Befall mit Dörrobstmotten (Plodia interpunctella) palettenweise in einen luftdicht verschlossenen Druckbehälter. Im Innern wird Unterdruck erzeugt und natürliches Kohlensäuregas zugeführt. Der Sauerstoff wird dadurch den Dörrobstmotten entzogen und durch den Unterdruck werden die Eier der Motte abgetötet.

Schwefelung

Konventionelle Dörrfrüchte werden vor der Trocknung zur Erhaltung der hellen Fruchtfarbe und zum Schutz gegen Schädlinge mit Schwefeldioxid (SO_2) behandelt. Bei einem Gehalt von mehr als 50 mg pro Kilogramm Dörrobst muss dies auf der transparenten Verpackung deklariert werden. Es wird zwischen «geschwefelt» und «stark geschwefelt» unterschieden.
Schwefelungen können wie bei geschwefeltem Wein zu Kopfschmerzen führen und allergische Reaktionen auslösen.

Begasung mit Metyhlbromid

Konventionelles Dörrobst wird nach den Trocknungs- und Waschvorgängen mit Methylbromid begast, um mögliche Eier oder Larven der Dörrobstmotten (Plodia interpunctella) abzutöten. Es kann auch zweimal begast werden, vor und nach dem Abpacken. Spuren von diesem Gas bleiben am Dörrobst haften und können zu Allergien, Nervenkrankheiten und sogar zu Krebs führen.

In 2 bis 3 Jahren soll das Gas Methylbromid durch Phostoxin ersetzt werden. Dieses Gas ist schwächer, kann jedoch schwieriger nachgewiesen werden. Über die Nebenwirkungen ist noch nichts bekannt.

Beölung

Konventionelle und biologische Dörrfrüchte, insbesondere Rosinen und Dörraprikosen, werden nach dem Waschen, Trocknen usw. mit wenig Sonnenblumenöl geölt, damit sie nicht zusammenkleben.

Untersuchung auf Aflatoxine

Dörrfeigen und teilweise auch Dörraprikosen werden vor Ort nach dem Waschen, Trocknen und Sortieren mit Hilfe von UV-Lampen auf Aflatoxine untersucht. Aflatoxine sind höchst giftige Stoffwechselprodukte von mehreren Pilzarten. Sie gelten als krebserregend. Aus diesem Grund wird jede Lieferung in einem Labor chemisch analysiert.

Gesundheitlicher Wert

Das Trocknen der Früchte führt automatisch zu einer Zuckerkonzentration, vor allem des Frucht- und Traubenzuckers. Diese Einfachzucker (Monosaccharide) werden im menschlichen Organismus schnell in Wärme und Energie umgewandelt. Deshalb sind Dörrfrüchte bei Sportlern und Wanderern so beliebt.

Dörrfrüchte verfügen über eine natürliche, konzentrierte Süße. Sie sind eine echte Alternative zu Süßigkeiten mit raffiniertem Zucker.

Dörrfrüchte sind reich an Mineralstoffen, insbesondere an Eisen. Schwangere und Frauen mit Eisenmangel im Blut finden in Dörrfrüchten eine natürliche Eisenquelle.

Die Dörrfrüchte, vor allem Feigen und Pflaumen, regen die Darmtätigkeit an.

Das Dörren zu Hause

Das Dörren ist eine der ältesten Konservierungsarten und ist auch heute noch sehr beliebt. Früchte haben einen hohen Wassergehalt von bis zu 95%. Durch das Trocknen wird er auf 10 bis 14% reduziert, so dass sich Fäulniserreger nicht mehr vermehren können. Am besten geeignet zum Dörren ist reifes und überreifes Obst.

Dörrgeräte

Das Trocknen an der Luft und in der Sonne ist in unseren Beitengraden nur beschränkt möglich. Die Sonne ist meist zu schwach, wenn die eigentliche Dörrsaison beginnt. Dies liegt in der Sache der Natur, denn die Früchte reifen in den heißen Sommer- und milden Herbsttagen erst heran. Für das Dörren sind Temperaturen von 40 bis 60 Grad notwendig. Je höher die Temperatur, desto schneller ist das Obst gedörrt. Bei Temperaturen über 40 Grad gehen jedoch wichtige Vitalstoffe (Vitamine, Mineralstoffe usw.) verloren, auch das Aroma des Dörrobstes wird beeinträchtigt. Die heute gebräuchlichste Dörrart ist der elektrische Dörrapparat (siehe Seite 92). Empfehlenswert sind Geräte, die mit Umluftgebläse, Thermostat und Temperaturregler ausgerüstet sind.

Solar-Dörrgeräte sind äußerst ökologisch, sie können mit Anleitung auch selbst hergestellt werden. An sonnigen und heißen Tagen können sie hohe Temperaturen entwickeln, so dass der Dörrvorgang überwacht werden muss. Es braucht etwas Erfahrung.

Im Kachelofen getrocknetes Obst ist sehr aromatisch. Hierfür kann die Nachwärme oder die Wärme in der Röhre genutzt werden. Es braucht auch bei dieser Methode etwas Erfahrung.

Umluft- und Heißluftbacköfen sind bezüglich Luftzirkulation geeignete Dörrgeräte, sie beschleunigen die Verdunstung des Wassers. Bei größeren Mengen muss wegen dem Energieaufwand davon abgeraten werden.

Dörranleitung

1. Die Früchte waschen.

2. Die Früchte je nach Größe und Fruchtart zerkleinern, d. h. halbieren, vierteln, in Schnitze/Spalten oder Scheiben/Ringe schneiden. Das Kerngehäuse und den Stein nach Möglichkeit entfernen. Siehe auch Frucht-Steckbriefe, Seiten 12 bis 23.

3. Das Dörrgut dünnlagig auf die Gitter legen. So lange dörren, dass die Früchte noch leicht elastisch (biegsam) sind.

4. Das Dörrgut mehrmals umschichten. Die frische Ware jeweils unten einschieben.

5. Dörrdauer: Eine genaue Zeitangabe ist nicht möglich. Ausschlaggebend sind Größe des Dörrgutes, Wassergehalt und Reifestadium.

Äpfel

Die Früchte waschen, nicht schälen. Das Kerngehäuse mit dem Kerngehäuse-Ausstecher entfernen, die Frucht in 2 bis 3 mm dicke Scheiben/Ringe schneiden. Die Äpfel kurz in Zitronenwasser legen, damit sie weiß bleiben. Dörrdauer: 6 bis 10 Stunden.

Birnen

Die Früchte waschen, nicht schälen. Den Stiel entfernen, die Birnen halbieren oder vierteln, das Kerngehäuse entfernen. Dörrdauer: 20 bis 48 Stunden.

Kirschen

Die Früchte entstielen. Ganz dörren (mit Stein). Dörrdauer: 10 bis 12 Stunden.

Zwetschgen/ Pflaumen/ Aprikosen

Die Früchte halbieren und entsteinen. Dörrdauer: 10 bis 12 Stunden.

Aufbewahren von Dörrfrüchten

Das frische Dörrgut nicht gleich in Behälter füllen, sondern bei Zimmertemperatur einige Tage liegen lassen, damit sich die Feuchtigkeit stabilisieren kann. Ideal zum Aufbewahren sind Stoff- und Papiersäcke, Gläser, beschichtete Dosen oder Kunststoffbehälter. Auch gekaufte Dörrfrüchte können gleich aufbewahrt werden. Der Aufbewahrungsort muss trocken, eher kühl, staubfrei und frei von Ungeziefer sein. In den ersten Wochen das Dörrobst gelegentlich kontrollieren, ob es nicht nachfeuchtet, was zu Schimmelbefall führen könnte. Wenn nötig das Dörrobst nachtrocknen und Lagerort wechseln. In den heißen Sommermonaten nur wenig Dörrobst im Vorrat haben und eventuell im Kühlschrank aufbewahren.

Ungeziefer

In unbehandeltem Dörrobst können sich Eier oder Larven der Dörrobstmotten (Plodia interpunctella) entwickeln. Zum Vorbeugen: Das Dörrobst kühl lagern, Wacholder-, Lavendel- oder Rosmarinzweige in die Behälter legen. Das Lagergut in regelmäßigen Abständen kontrollieren. Bei Befall das Dörrobst waschen, trocknen und anschließend während 1 bis 2 Tagen tief kühlen. Vor Gebrauch auftauen und rasch verbrauchen.

Rezepte

30 Aperitif-Vorspeisen
42 Salate
50 Hauptgerichte
68 Süßes Gebäck
78 Desserts

Poire «Mariann»

- 70 g Roquefort
- 70 g Mascarpone

- 22 Dörrbirnen
- 11 Walnuss-/Baumnusskerne

1
Den Roquefort und den Mascarpone in einer kleinen Schüssel mit einer Gabel gut zerdrücken und vermengen. Mit nassen Händen 22 kleine Kugeln formen.

2
Die Käsekugeln auf die Dörrbirnenhälften setzen. Die Nusskerne halbieren und leicht in den Käse drücken.

Abbildung nebenan

Käsekugeln surprise

- 100 g Gorgonzola
- 50 g Dörräpfel
- 30 g Walnuss-/Baumnusskerne
- 5 EL gehackte Pistazien

- ca. 22 Pralinenförmchen

1
Den Gorgonzola in einer kleinen Schüssel mit einer Gabel zerdrücken. Die Dörräpfel und die Walnüsse fein hacken, mit dem Gorgonzola vermengen.

2
Aus der Masse mit nassen Händen kleine Kugeln formen, diese in den Pistazien drehen, in die Pralinenförmchen setzen.

Abbildung nebenan

Abbildung
1. und 5. Reihe: Poire «Mariann»
2. und 6. Reihe: Käsekugeln surprise
3. und 7. Reihe: Aperitif-Datteln, Rezept Seite 34
4. Reihe: Käse-Dörrfrüchte-Spießchen, Rezept Seite 35

Prunes «André»

- 80 g Ziegenfrischkäse
- 1 Bund Schnittlauch
- 11 große Dörrpflaumen

1
Aus dem Ziegenkäse mit nassen Händen 22 kleine Kugeln formen.

2
Die Schnittlauchhalme in 2 bis 2,5 cm lange Stücke schneiden.

3
Die Dörrpflaumen halbieren und entsteinen, etwas auseinander ziehen.

4
Die Käsekugeln auf die Pflaumenhälften setzen, zwei Schnittlauchhalme in den Käse stecken.

Tipp
Mit einem Zahnstocher 2 kleine Löcher in die Käsekugeln bohren, so können die Schnittlauchhalme problemlos eingesteckt werden.

Abbildung links

Antonias Pflaumen im Speckmantel

- 20 entsteinte Dörrpflaumen oder Datteln (Deglet Nour)
- 20 geschälte Mandeln
- 20 Scheiben Bratspeck

- Zahnstocher

1
Den Backofen auf 220 Grad vorheizen.

2
Die Pflaumen mit einer Mandel füllen, mit einer Speckscheibe umwickeln, mit einem Zahnstocher fixieren.

3
Das Backblech mit Backtrennpapier belegen, die eingepackten Dörrpflaumen darauf legen. Im Backofen bei 220 Grad knusprig braten, etwa 10 Minuten. Sofort servieren.

Abbildung Seite 37

Gefüllter Tomme

- 3 Dörrbirnen
- 40 g Walnuss-/Baumnusskerne
- 2 Tommes
- Pfeffer aus der Mühle
- geriebene Muskatnuss

1
Die Dörrbirnen über Nacht in wenig Wasser einlegen. Das Einweichwasser am nächsten Tag weggießen, die Früchte fein hacken.

2
Die Nüsse fein hacken, mit den Dörrbirnen mischen.

3
Die Tommes quer halbieren, mit Pfeffer und Muskatnuss würzen.

4
Die Dörrbirnen-Nuss-Mischung auf zwei Käsehälften verteilen, die andere Käsehälfte darauf legen, leicht andrücken.

5
Die gefüllten Tommes in Stückchen schneiden.

Aperitif-Datteln

- 80 g leicht gesalzener Frischkäse
- 80 g Mascarpone
- 80 g Magerquark
- Pfeffer aus der Mühle
- 20 Datteln (Medjool)
- 2 TL fein geschnittener Schnittlauch

1
Frischkäse, Mascarpone und Magerquark in einer kleinen Schüssel glatt rühren. Mit Pfeffer abschmecken.

2
Die Datteln längs aufschneiden, den Stein sorgfältig herauslösen. Den Stielansatz wegschneiden. Die Früchte etwas flach drücken.

3
Die Käsemasse in einen Spritzsack mit mittlerer Sterntülle füllen, die Käsemasse dekorativ auf die Datteln spritzen. Mit dem Schnittlauch garnieren.

Abbildung Seite 31

Blaukäsemousse

- 2 EL Korinthen
- 40 ml/0,4 dl Portwein
- 150 g Roquefort
- 100 g/1 dl süße Sahne/Rahm
- Pfeffer aus der Mühle
- 1 Eiweiß

- frische Birnen- oder Apfelspalten
- glattbättrige Petersilie

1
Die Korinthen über Nacht im Portwein einlegen.

2
Den Roquefort in einer kleinen Schüssel mit einer Gabel fein zerdrücken, zuerst die süße Sahne, dann die Korinthen unterrühren, mit Pfeffer abschmecken.

3
Das Eiweiß steif schlagen, unter die Käsemasse ziehen. Das Mousse im Kühlschrank während 4 bis 5 Stunden fest werden lassen.

4
Das Mousse mit dem Eisportionierer abstechen, auf Tellern anrichten. Garnieren mit Birnen- oder Apfelspalten und Petersilie.

Käse-Dörrfrüchte-Spießchen

- 200 g kräftiger Halbhartkäse, ohne Rinde
- 8 süße Dörraprikosen
- 8 Dörrbirnen

- 20 Zahnstocher

1
Den Käse in 4 mm dicke Scheiben schneiden. Mit einem runden Plätzchen-/Guetzli-Ausstecher von etwa 15 mm Durchmesser 60 Rondellen ausstechen.

2
Die Dörraprikosen und die Dörrbirnen vierteln.

3
Je 3 Käserondellen und 3 Dörrfrüchtestückchen abwechslungsweise auf Zahnstocher reihen.

Abbildung Seite 31

Brioches mit Dörrbirnen und Käse

für 6 bis 8 Brioches

- 40 g Butter
- 2 Eigelb von Freilandeiern
- 1 TL Birnendicksaft
- 160 g Dinkelvollkornmehl
- 50 g klein geschnittene Dörrbirnen
- 40 g geriebener Greyerzer Käse
- 200 ml/2 dl Milch
- ½ TL Meersalz
- 1 Prise geriebene Muskatnuss
- 1 Umdrehung Pfeffer aus der Mühle
- 1 Prise Safranpulver
- 2 Eiweiß
- 1½ TL phosphatfreies Backpulver

- Butter für die Förmchen

1

Die Butter zusammen mit dem Eigelb und dem Birnendicksaft luftig aufschlagen. Mehl, Dörrbirnen, Käse und Milch unterrühren, würzen.

2

Den Backofen auf 180 Grad vorheizen. Die Förmchen einfetten.

3

Das Eiweiß zusammen mit dem Backpulver zu Schnee schlagen, sorgfältig unter den Teig ziehen. Den Teig in die Förmchen füllen.

4

Die Brioches im Backofen bei 180 Grad auf mittlerem Einschub 20 bis 30 Minuten backen. Nadelprobe machen.

5

Die Brioches etwas auskühlen lassen, den Rand mit dem Messer lösen und das Gebäck aus den Förmchen stürzen.

Sablés mit Korinthen und Kokosraspel

- 100 g Dinkelvollkornmehl
- 120 g Dinkelruchmehl
- ½ TL Meersalz
- 100 g kalte Butter
- 4–5 EL Wasser
- 2 EL Korinthen
- 3 EL Kokosraspel
- 1 TL Currypulver
- 1 TL Kurkuma (Gelbwurz)
- 1 Prise Chilipulver

1

Die beiden Mehle und das Salz mischen. Die Butter in Stückchen schneiden, zum Mehl geben, mit den Fingern krümelig reiben. Wasser, Korinthen, Kokosrapseln und Gewürze dazugeben, zu einem Teig zusammenfügen, nicht kneten. 30 Minuten kühl stellen.

2

Den Backofen auf 180 Grad vorheizen.

3

Aus dem Teig eine 2 bis 3 cm dicke Rolle formen. Mit einem scharfen Messer in 4 mm dicke Scheiben schneiden.

4

Die Sablés im Backofen bei 180 Grad auf zweituntersten Einschub 12 Minuten backen.

Abbildung
vorn: Brioches mit Dörrbirnen und Käse
auf Glasteller vorn: Sablés mit Korinten und Kokosraspeln
auf Glasteller hinten: Antonias Pflaumen im Speckmantel, Rezept Seite 33

Gefüllter Fenchel
an Nussvinaigrette

- 1 großer Fenchel, etwa 350 g

Füllung
- 50 g entsteinte Dörrpflaumen
- Fenchelkraut
- 3–4 Walnuss-/Baumnusskerne
- 1 TL kalt gepresstes Haselnussöl
- Meersalz
- Pfeffer aus der Mühle

Vinaigrette
- 3 EL Anis- oder Obstessig
- Meersalz
- Pfeffer aus der Mühle
- 2 EL kalt gepresstes Haselnussöl
- 2 EL kalt gepresstes Distelöl
- 2 EL fein geschnittenes Fenchelkraut oder
- 2 EL fein geschnittener Schnittlauch

1
Das Fenchelkraut abschneiden, beiseite legen. Den Fenchel putzen, in einen Kochtopf legen und mit Wasser bedecken. Mit Meersalz und einigen Tropfen Zitronensaft würzen. Das Wasser aufkochen, den Fenchel bei kleiner Hitze knapp weich kochen, 20 bis 30 Minuten. Den Fenchel aus dem Kochwasser nehmen, mit einem Apfelkernausstecher ein 2,5 bis 3 cm breites Loch ausstechen (aushöhlen). Das ausgehöhlte Gemüse für einen Salat oder eine Suppe verwenden.

2
Dörrpflaumen, Fenchelkraut und Nüsse fein hacken, mit dem Haselnussöl vermengen, würzen. Die Füllung satt in die Fenchelöffnung füllen, gut zusammenprressen. Etwa 1 Stunde kühl stellen.

3
Die Vinaigrette zubereiten. Das Fenchelkraut oder den Schnittlauch dazugeben.

4
Den Fenchel in 2 bis 3 mm dicke Scheiben schneiden, auf Tellern anrichten, mit der Vinaigrette beträufeln.

Joggelis Käsewähe
mit Dörrbirnen

für ein Kuchenblech
von 30 cm Durchmesser

Geriebener Teig
- 200 g Dinkelvollkornmehl
- 1/4 TL Meersalz
- 50 g kalte Butter
- 5–6 EL Wasser

- 6 EL fein gehackte Walnuss-/ Baumnusskerne

Belag
- 2 Freilandeier
- 300 g/3 dl süße Sahne/Halbrahm
- 300 g geriebener Greyerzer Käse
- 2 EL Dinkelvollkornmehl
- Pfeffer aus der Mühle
- 1/4 TL Paprikapulver
- geriebene Muskatnuss

- 10 Dörrbirnen

1
Die Dörrbirnen über Nacht in Wasser einlegen. Das Einweichwasser am nächsten Tag weggießen, die Birnen längs halbieren.

2
Das Mehl mit dem Salz mischen. Die Butter in Stückchen schneiden, zum Mehl geben, mit den Fingern krümelig reiben. Das Wasser dazugeben, zu einem geschmeidigen Teig zusammenfügen, nicht kneten.

3
Den Teig zwischen zwei Klarsichtfolien auf Blechgröße ausrollen, in die gefettete Form legen. Kühl stellen.

4
Den Backofen auf 220 Grad vorheizen.

5
Für die Füllung die Eier mit der süßen Sahne verquirlen. Den Käse und das Mehl unterrühren, würzen.

6
Die Nüsse auf den Teigboden verteilen, die Käsemischung darauf ausstreichen, die Dörrbirnen kreisförmig darauf legen.

7
Den Käsekuchen im Backofen bei 220 Grad auf zweituntersten Einschub 30 bis 35 Minuten backen.

Fenchelsalat
mit Dörrbirnen und Kumquats

- 500 g Fenchel
- 6 Kumquats
- 6 ganze Dörrbirnen

Sauce
- 4 EL Zitronensaft
- 2 Umdrehungen weißer Pfeffer aus der Mühle
- 1/2 TL Meersalz
- 8 EL kalt gepresstes Distelöl
- 2 EL fein gehacktes Fenchelgrün

1

Das Fenchelgrün wegschneiden, einen Teil davon für die Sauce fein hacken. Die Fenchelknollen putzen und quer in sehr feine Scheiben schneiden oder hobeln. Die Kumquats halbieren, die Dörrbirnen in Streifen schneiden.

2

Die Sauce zubereiten. Das gehackte Fenchelgrün beigeben.

3

Fenchel, Dörrbirnen und Kumquats mit der Sauce vermengen.

Abbildung nebenan

Feldsalat
mit getrockneten Mangostreifen

- 60 g getrocknete Mangos
- 200 g Feld-/Nüsslisalat

Sauce
- 2 EL Weißweinessig
- 1/2 TL fein geriebener frischer Ingwer
- 1/4 TL Kardamompulver
- 1/4 TL Korianderpulver
- 1 Prise Chilipulver
- 1/4 TL Meersalz
- 3 EL kalt gepresstes Distelöl

1

Die Sauce zubereiten.

2

Die Mangos in diagonale Streifen schneiden.

3

Feldsalat und Mangos mit der Salatsauce mischen, anrichten.

Abbildung nebenan

Abbildung
vorn: Fenchelsalat mit Dörrbirnen und Kumquats
Mitte: Feldsalat mit getrockneten Mangostreifen
hinten: Würziger Rotkohlsalat mit Rosinen, Rezept Seite 45

Japanischer Weißkohlsalat
mit Dörrkirschen

- 400 g Weißkohl/-kabis
- 30 g entsteinte gedörrte Sauerkirschen oder Dörrkirschen

Sauce
- 50 ml/0,5 dl Weißweinessig
- 1/4 TL Ingwerpulver
- 2 Prisen Korianderpulver
- 2 Prisen Kardamompulver
- 1 Prise Zimtpulver
- Meersalz
- 3 EL kalt gepresstes Distelöl

1
Die Sauce zubereiten.

2
Den Weißkohl putzen und fein hobeln. Die Kohlstreifen von Hand etwas kneten, damit sie weicher werden.

3
Weißkohlstreifen und Kirschen mit der Sauce vermengen.

Chinakohlsalat
mit Datteln

- 300 g Chinakohl
- 1/2 Kopf Endiviensalat
- 8 Datteln
- 1 Orange
- 3 EL geröstete Erdnüsse

Sauce
- 1 Zitrone, Saft
- 1 EL Senf
- 1 TL flüssiger Honig
- Meersalz
- schwarzer Pfeffer aus der Mühle
- 4 EL kalt gepresstes Distelöl
- 1 TL Anissamen

1
Die Sauce zubereiten. Die Anissamen beifügen.

2
Den Chinakohl und den Endiviensalat putzen, in etwa 8 mm breite Streifen schneiden.

3
Die Datteln entsteinen und klein schneiden. Die Orange schälen, auch die weißen Häutchen entfernen, die Fruchtfilets herauslösen, quer halbieren.

4
Sämtliche Zutaten mit der Sauce vermengen.

Gelber Blumenkohlsalat
mit Rosinen

- 600 g Blumenkohl
- 1 TL Meersalz
- 3 EL Kurkuma (Gelbwurz)

- 3 EL Rosinen

Sauce
- 2 EL Weißweinessig
- Meersalz
- weißer Pfeffer aus der Mühle
- wenig geriebene Muskatnuss
- 4 EL kalt gepresstes Sonnenblumenöl

1
Den Blumenkohl putzen und in Röschen zerlegen. Die Blumenkohlröschen zusammen mit dem Salz und dem Kurkuma in einen Kochtopf geben, mit Wasser bedecken, aufkochen und das Gemüse bei kleiner Hitze knackig kochen. Abgießen.

2
Die Sauce zubereiten.

3
Die Rosinen und die noch warmen Blumenkohlröschen mit der Sauce vermengen. Warm servieren.

Würziger Rotkohlsalat
mit Rosinen

- 400 g Rotkohl/-kabis
- 5 EL Rosinen

Sauce
- 1 EL Balsamessig
- 2 EL Rotweinessig
- schwarzer Pfeffer aus der Mühle
- Meersalz
- 3 EL kalt gepresstes Distelöl
- $^{1}/_{2}$ TL leicht zerstoßener Kreuzkümmel

1
Die Sauce zubereiten. Den Kreuzkümmel dazugeben.

2
Den Rotkohl putzen und vierteln, den Strunk herausschneiden. Die Kohlviertel fein hobeln. Die Kohlstreifen werden weicher, wenn man sie mit heißem Wasser übergießt und kurz stehen lässt. In einem Sieb abtropfen lassen.

3
Den Rotkohl und die Rosinen mit der Sauce vermengen. 30 Minuten ziehen lassen.

Abbildung Seite 43

Brüsseler Endiviensalat
mit Dörrkirschen

- 50 g entsteinte Dörrkirschen
- 1 Orange
- 400 g Brüsseler Endivie

Sauce
- 3 EL Apfelessig
- 3/4 TL Meersalz
- 1 Umdrehung weißer Pfeffer aus der Mühle
- 5 EL kalt gepresstes Distelöl

1
Die Sauce zubereiten.
2
Die Orange schälen, auch die weißen Häutchen entfernen. Die Fruchtfilets herauslösen, quer halbieren.
3
Brüsseler Endivie putzen und in Streifen schneiden.
4
Dörrkirschen, Orangen und Brüsseler Endivie mit der Sauce vermengen.

Selleriesalat
mit Äpfeln und Dörrpflaumen

- 400 g Stauden-/Stangensellerie
- 8 entsteinte Dörrpflaumen
- 1 roter Apfel

Sauce
- 1/2 Zitrone, Saft
- Meersalz
- weißer Pfeffer aus der Mühle
- 4 EL kalt gepresstes Distelöl
- 1/2 TL leicht zerstoßene Anissamen

1
Die Sauce zubereiten. Die Anissamen beifügen.
2
Den Staudensellerie putzen und in feine Scheiben, die Dörrpflaumen in feine Streifen schneiden. Den Apfel samt Schale vierteln und entkernen, in Spalten schneiden.
3
Sämtliche Zutaten mit der Sauce vermengen. 15 Minuten stehen lassen.

Abbildung nebenan

Lauchsalat
mit Dörrpflaumen

- 400 g Lauch
- 1 großer roter Apfel
- 7 entsteinte Dörrpflaumen

Sauce
- 2 EL Zitronensaft
- Meersalz
- 1 TL Provencekräuter
- schwarzer Pfeffer aus der Mühle
- 4 EL Olivenöl extra nativ

1
Den Lauch putzen und in 5 cm lange Stücke schneiden. Im Dampf knackig garen.

2
Die Sauce zubereiten.

3
Den Apfel samt Schale vierteln, entkernen und in Spalten schneiden. Die Dörrpflaumen in Streifen schneiden.

4
Den noch lauwarmen Lauch zusammen mit den Äpfeln und den Dörrpflaumen mit der Sauce vermengen. Einige Minuten ziehen lassen.

Möhrensalat
mit Korinthen

- 500 g Möhren/Karotten
- 3 EL Korinthen

Sauce
- 1 unbehandelte Orange, abgeriebene Schale und Saft
- 1 EL Aspretto d'arancia/Orangenessig
- Meersalz
- weißer Pfeffer aus der Mühle
- 3 EL kalt gepresstes Distelöl

1
Die Sauce zubereiten.

2
Die Möhren putzen, auf einer nicht zu feinen Reibe direkt zur Sauce reiben, gut vermengen. Die Korinthen unterrühren. 15 Minuten ziehen lassen.

Lauwarmer Linsensalat
mit Feigen

- 150 g grüne Linsen
- 1 Lorbeerblatt

- 5 getrocknete schwarze Feigen
- 1 Möhre/Karotte
- 1/4 Stange Lauch

Sauce
- 3 EL Weißweinessig
- 2 EL Sojasauce
- Meersalz
- 1/2 TL Ingwerpulver
- 2 Prisen Chilipulver
- 2 EL kalt gepresstes Distelöl
- 1 Knoblauchzehe

1
Die Linsen und das Lorbeerblatt zusammen mit einem Liter Wasser in einen Kochtopf geben und aufkochen, die Hülsenfrüchte bei kleiner Hitze weich kochen, etwa 25 Minuten. Abgießen.

2
Die Sauce zubereiten. Die Knoblauchzehe schälen und dazupressen.

3
Die Feigen vierteln. Die Möhre schälen und sehr klein würfeln. Den Lauch putzen und in feine Streifen schneiden.

4
Sämtliche Zutaten mit der Sauce vermengen. Lauwarm servieren.

Wintersalat
mit Feigen

- 1 Endiviensalat
- 1 roter Apfel
- 5 getrocknete Feigen

Sauce
- 3 EL Zitronensaft
- Meersalz
- Pfeffer aus der Mühle
- 4 EL kalt gepresstes Distelöl
- 1 TL getrockneter Liebstöckel

1
Die Sauce zubereiten, den Liebstöckel dazureiben.

2
Den Endiviensalat putzen und in schmale Streifen schneiden. Den Apfel samt Schale vierteln und entkernen, in feine Spalten schneiden, die Feigen in Streifchen schneiden. Sämtliche Zutaten mit der Sauce vermengen.

Salatpäckchen

mit Gersten-Feigen-Füllung

- 2 EL Butterschmalz/Bratbutter
- 4 getrocknete Feigen
- 2 Möhren/Karotten
- 240 g Gerstenschrot
- 600 ml/6 dl Wasser
- 50 g geriebener Appenzeller oder Greyerzer Käse
- 3 EL fein gehackter Lauch
- 2 Msp mittelscharfes Currypulver
- schwarzer Pfeffer aus der Mühle
- Chilipulver
- Meersalz

- 12 große Zuckerhutblätter

Sauce
- 2 EL Butter
- 4 EL Mehl
- 200 ml/2 dl Weißwein
- 200 ml/2 dl Wasser
- geriebene Muskatnuss
- Meersalz
- Pfeffer aus der Mühle

- 50 g geriebener Appenzeller oder Greyerzer Käse

1
Die Feigen klein würfeln. Die Möhren putzen und klein würfeln. Das Butterschmalz in einem großen Kochtopf zerlassen, Gerstenschrot, Feigen und Möhren darin dünsten. Mit dem Wasser aufgießen, aufkochen und bei kleiner Hitze 10 Minuten köcheln lassen. Den Schrot auf der ausgeschalteten Wärmequelle 30 Minuten nachquellen lassen. Den Käse und den Lauch unterrühren. Würzen.

2
Die Zuckerhutblätter in sprudelnd kochendem Wasser kurz blanchieren, unter kaltem Wasser abschrecken und auf einem Küchentuch ausbreiten.

3
Für die Sauce die Butter in einer Pfanne zerlassen, das Mehl darin kurz dünsten. Mit dem Weißwein und dem Wasser aufgießen, unter Rühren aufkochen, bei kleiner Hitze unter zeitweiligem Rühren 10 Minuten köcheln lassen. Würzen.

4
Den Backofen auf 220 Grad vorheizen. Eine große Gratinform einfetten.

5
Die Getreidemasse in die Mitte der Zuckerhutblätter verteilen, die Blätter zu Päckchen einschlagen. In die Form legen, mit der weißen Sauce übergießen, den Käse darüber streuen.

6
Die Salatpäckchen im Backofen bei 220 Grad 10 bis 15 Minuten überbacken.

Chutney
aus Dörraprikosen

- 200 g süße Dörraprikosen
- 100 ml/1 dl Wasser
- 1 EL Butterschmalz/Bratbutter
- 1 TL helle Senfkörner
- 1 TL schwarze Senfkörner
- 1 Zwiebel, fein gehackt
- 1 EL fein geriebener frischer Ingwer
- 1 TL Kardamompulver
- 1 TL fein gehacktes Korianderkraut
- $^{1}/_{2}$ TL Kreuzkümmelpulver
- 1 rote Pfefferschote/Peperoncino, entkernt und fein gehackt
- $^{1}/_{2}$ TL Meersalz
- 50 ml/0,5 dl Apfelessig

1

Die Dörraprikosen über Nacht im Wasser einlegen. Die Früchte mit dem Einweichwasser pürieren.

2

Das Butterschmalz in einer Pfanne mit Deckel sehr heiß werden lassen. Die schwarzen Senfkörner beigeben, bei aufgelegtem Deckel platzen (Pop-Senf) lassen. Die Zwiebeln dazugeben, kurz dünsten.

3

Die Senfkörnermischung unter das Aprikosenpüree rühren. Gewürze, Meersalz und Essig unterrühren. 10 Minuten stehen lassen.

Tipp

Das Aprikosen-Chutney passt zum Gemüsecurry, Seite 53, sowie zu kurz gebratenem Schweine- und Geflügelfleisch und Reis.

Gemüsecurry
mit Dörrfrüchten

- 1 EL Butter
- 1 Zwiebel
- 1 Knoblauchzehe
- 200 g Knollensellerie
- 150 g Möhren/Karotten
- 150 g Blumenkohl
- 300 g Weißkohl/-kabis
- 150 ml/1,5 dl Wasser
- 1 Lorbeerblatt

Sauce
- $1^1/_2$ EL Butter
- 4 EL feines Reismehl oder
- 3 EL Weißmehl
- 200 ml/2 dl Wasser
- 200 ml/2 dl Milch
- 3 EL Korinthen
- 3 EL Kokosflocken
- 5 entsteinte, halbierte Dörrpflaumen
- 2 TL scharfes Currypulver
- 2 TL Gelbwurz (Kurkuma)
- $^1/_2$ TL Kreuzkümmel
- $^1/_4$ TL Chilipulver
- Meersalz

Abbildung
Gemüsecurry mit Dörrfrüchten und Chutney aus Dörraprikosen, mit Omelett

1
Die Zwiebeln und die Knoblauchzehe schälen und fein hacken. Den Sellerie und die Möhren putzen und in Stäbchen schneiden. Den Blumenkohl in kleine Röschen zerlegen. Den Weißkohl in Streifen schneiden.

2
Die Butter in einem Kochtopf zerlassen, die Zwiebeln und den Knoblauch darin dünsten, das Gemüse kurz mitdünsten. Das Wasser angießen, das Lorbeerblatt beifügen, aufkochen und 10 Minuten bei kleiner Hitze köcheln lassen. Das Lorbeerblatt entfernen.

3
Für die Sauce Butter, Reismehl, Wasser und Milch unter Rühren aufkochen, Korinthen, Kokosflocken und Dörrpflaumen beifügen, würzen. 5 Minuten köcheln lassen. Mit Salz abschmecken. Das Gemüse beigeben, nochmals aufkochen.

Tipp
Mit Langkorn-Naturreis oder einem Omelett und Aprikosenchutney, Seite 52, servieren.

Griechischer Reis

- 200 g Langkorn-Naturreis
- 300 ml/3 dl Wasser
- 3 EL Korinthen
- 2 EL Olivenöl extra nativ
- 1–2 fein gehackte Pfefferminzblättchen
- Meersalz
- schwarzer Pfeffer aus der Mühle

1
Den Reis in einem Kochtopf kurz trocken rösten (darren), das Wasser aufgießen, die Korinthen dazugeben, aufkochen, bei kleiner Hitze 20 Minuten köcheln lassen. Auf der ausgeschalteten Wärmequelle 10 Minuten quellen lassen.

2
Das Olivenöl und die Pfefferminze unter den Reis rühren, nochmals erhitzen. Mit Salz und Pfeffer würzen.

Topinambur
an Dörrpflaumensauce

- 700 g Topinambur
- 1 Lorbeerblatt
- 1 TL Senfkörner
- 600 ml/6 dl Wasser
- 1 EL Meersalz
- 3 TL Pfeilwurzelmehl
- 100 g entsteinte Dörrpflaumen
- 1 EL Butter
- schwarzer Pfeffer aus der Mühle
- 2 Prisen geriebene Muskatnuss
- 1 Prise Nelkenpulver
- 50 g/0,5 dl süße Sahne/Rahm

1
Die Topinambur putzen, halbieren oder vierteln, zusammen mit dem Lorbeerblatt und den Senfkörnern in einen Kochtopf geben, mit dem Wasser bedecken und dem Salz würzen, aufkochen und bei kleiner Hitze 10 bis 15 Minuten garen. Die Topinambur aus dem Wasser nehmen, beiseite legen. Die Gewürze mit einem Schaumlöffel herausfischen.

2
Das Pfeilwurzelmehl mit wenig Kochwasser anrühren, in den Topf geben. Dörrpflaumen, Butter und Gewürze beifügen, aufkochen und bei kleiner Hitze köcheln lassen, bis die Pflaumen zerfallen sind.

3
Die Topinambur in der Sauce erhitzen. Die süße Sahne steif schlagen und unterziehen.

Sauerkraut
mit getrockneten Ananas

- 1 EL Butter
- 1 mittelgroße Zwiebel
- 500 g Bio-Sauerkraut
- 100 g getrocknete Ananas
- 1 EL schwarzer Senf
- 400 ml/4 dl Wasser
- Meersalz
- Pfeffer aus der Mühle

1

Die Zwiebel schälen und fein hacken. Die Ananas grob zerkleinern.

2

Die Butter in einem Kochtopf zerlassen, die Zwiebeln darin dünsten. Sauerkraut, Ananas und Senf beifügen, kurz mitdünsten. Das Wasser angießen, aufkochen und bei kleiner Hitze 20 bis 30 Minuten köcheln lassen. Würzen.

Tipp

Passt zu Reis, Kartoffeln, Nudeln sowie Fleisch- und Fischgerichten.

Gemüsepaprika
mit Sultaninen und Mandeln

- 2 EL Olivenöl extra nativ
- 1 Zwiebel
- 2 Knoblauchzehen
- 600 g gemischter Gemüsepaprika/ Peperoni
- 50 ml/0,5 dl Wasser
- 140 g Mandeln
- 75 g Sultaninen
- 1 EL Apfelessig
- 1 TL Blütenhonig
- Pfeffer aus der Mühle
- 2 Prisen Chilipulver
- 2 TL Majoranpulver
- 1/4 TL Zimtpulver
- Meersalz

1

Die Zwiebel und die Knoblauchzehen schälen und fein hacken. Den Gemüsepaprika vierteln, den Stielansatz und die Kerne entfernen, in Streifen schneiden.

2

Das Olivenöl in einem Kochtopf erhitzen, Zwiebeln, Knoblauch und Gemüsepaprika darin dünsten. Das Wasser angießen. Mandeln, Sultaninen, Apfelessig und Honig beifügen, bei kleiner Hitze 10 Minuten köcheln lassen. Die Sauce würzen. Lauwarm servieren.

Tipp

Mit Toast- oder Knoblauchbrot servieren.

Tropical Tofu

Marinade
- 100 ml/1 dl Sojasauce
- 4 EL Weißwein
- 4 EL Olivenöl extra nativ
- 2 EL fein geriebener frischer Ingwer
- 1/2 TL Chilipulver
- 2 Prisen Kardamompulver
- 1 Knoblauchzehe

- 600 g weicher Bio-Tofu
- 2–3 EL Kokosfett

- 50 g getrocknete Ananas
- 50 g getrocknete Bananen
- 2 mittelgroße Zwiebeln
- 1 TL Pfeilwurzelmehl
- 50 ml/0,5 dl Wasser

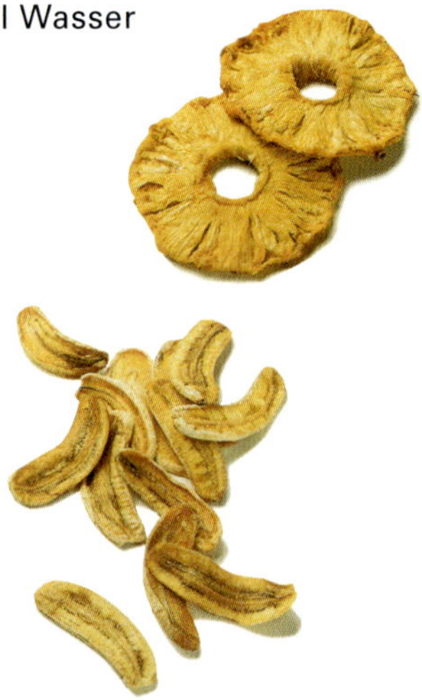

1

Für die Marinade Sojasauce, Weißwein, Olivenöl und Gewürze verrühren. Die Knoblauchzehe schälen und dazupressen.

2

Den Tofu zuerst in 1 cm dicke Scheiben und diese in Rechtecke von etwa 1 x 2 cm schneiden, in eine kleine Schüssel geben und mit der Marinade übergießen. 3 Stunden stehen lassen. Den Tofu aus der Marinade nehmen und abtropfen lassen.

3

Das Kokosfett in einer Bratpfanne erhitzen, den Tofu darin kräftig anbraten. Aus der Pfanne nehmen und beiseite stellen.

4

Ananas und Bananen zerkleinern, Zwiebeln schälen und fein hacken, zusammen mit der Marinade in die Tofupfanne geben, aufkochen und bei kleiner Hitze 5 Minuten köcheln lassen. Das Pfeilwurzelmehl im Wasser auflösen, unterrühren, köcheln lassen, bis die Sauce bindet.

5

Kurz vor dem Servieren die Tofustücke in der Sauce erhitzen.

Tipp

Mit Reis oder Nudeln servieren.

«Hot-Koko» – Hackfleisch
mit Sultaninen

- 2 EL Kokosfett
- 600 g Rinderhackfleisch
- 1 Zwiebel
- 2 Koblauchzehen
- 1 rote Pfefferschote/Peperoncino
- 2–3 EL Mehl
- 600 ml/6 dl Wasser
- 2 EL fein geriebener frischer Ingwer
- 1 TL Paprikapulver
- 1 Prise Zimtpulver
- 1,5 TL Meersalz
- 2 EL Tomatenmark
- 4 EL Sultaninen

1

Die Zwiebel und die Knoblauchzehen schälen und fein hacken. Die Pfefferschote längs aufschneiden, in Streifchen schneiden.

2

Das Kokosfett in einem Brattopf erhitzen, Hackfleisch, Zwiebeln, Knoblauch und Pfefferschoten beifügen, kräftig anbraten. Das Mehl unterrühren. Das Wasser angießen, sämtliche Gewürze, Tomatenmark und Sultaninen beifügen, aufkochen, bei kleiner Hitze 15 bis 20 Minuten köcheln lassen.

Tipp

Mit einem Hirse- oder Reisköpfchen oder mit Fladenbrot servieren.

Schwarzwurzeln
an Orangen-Dattel-Sauce

- 1 l Wasser
- 1 Zitrone, Saft
- 800 g Schwarzwurzeln
- 1 TL Meersalz

Sauce
- 4 EL Butter
- 4 EL Mehl
- 200 ml/2 dl Milch
- 200 ml/2 dl Schwarzwurzel-Kochwasser
- 1 unbehandelte Orange, abgeriebene Schale
- 10 entsteinte, zerkleinerte Datteln
- Meersalz
- weißer Pfeffer aus der Mühle

1

Das Wasser und den Zitronensaft in einen Kochtopf geben.

2

Die Schwarzwurzeln am besten mit Haushalt-Handschuhen (die Wurzeln geben einen braun färbenden Saft ab) schälen und in 3 bis 4 cm lange Stücke schneiden, sofort in das Zitronenwasser legen, damit sie sich nicht braun verfärben. Das Salz beifügen, aufkochen und die Schwarzwurzeln bei kleiner Hitze 8 bis 10 Minuten köcheln lassen. Aus dem Kochwasser nehmen und beiseite legen.

3

Für die Sauce die Butter zerlassen, das Mehl darin dünsten. Die Milch unter Rühren dazugeben, 2 bis 3 Minuten köcheln lassen. 200 ml/2 dl Schwarzwurzel-Kochwasser und die abgeriebene Orangenschale beifügen, unter Rühren aufkochen und unter zeitweiligem Rühren rund 10 Minuten köcheln lassen. Die Schwarzwurzeln und die Datteln beifügen, erhitzen. Würzen.

Fleischstreifen sweet and sour

- 600 g Schweine- oder Rinderfleisch, in Streifen
- 1 EL scharfes Currypulver
- 1 TL kalt gepresstes Distelöl
- 1,5 EL Kokosfett
- 1 Zwiebel
- 3 Knoblauchzehen
- 1/2 l Wasser
- 50 g getrocknete Bananen
- 30 g getrocknete Ananas
- 30 g getrocknete Mangos
- 1 EL Sojasauce
- 1 EL Obstessig
- 1 TL Honig
- 1 EL Ketschup
- wenig Chilipulver nach Belieben
- 1 TL Meersalz
- 2 EL Pfeilwurzelmehl
- wenig Wasser

1
Das Fleisch mit dem Currypulver und dem Distelöl vermengen, 30 Minuten marinieren.

2
Die Zwiebel und die Knoblauchzehen schälen und fein hacken. Die getrockneten Früchte klein schneiden.

3
Das Kokosfett in einem Brattopf erhitzen, das Fleisch darin kräftig anbraten. Die Zwiebeln und den Knoblauch dazugeben und kurz dünsten. Das Wasser angießen, die Früchte und die Gewürze beigeben, aufkochen, bei kleiner Hitze 30 bis 40 Minuten köcheln lassen. Das Pfeilwurzelmehl mit wenig Wasser anrühren, dazugeben, unter Rühren aufkochen, köcheln lassen, bis die Sauce bindet.

Tipp
Mit Nudeln oder Quinoa servieren.

Mango-Chutney

- 200 g getrocknete Mangos
- 300 ml/3 dl Wasser
- 2 EL Butterschmalz/Bratbutter
- 1 EL schwarze Senfkörner
- 1 Zwiebel
- 1 rote Pfefferschote/Peperoncino
- 1 TL Obstessig
- 1/2 TL Galgant- oder Ingwerpulver
- 1/2 TL Kardamompulver
- 1 TL fein geriebener frischer Ingwer
- 1 EL fein gehackter Koriander

1

Die Mangos über Nacht im Wasser einlegen, am nächsten Tag fein hacken.

2

Die Zwiebel schälen und fein hacken. Die Pfefferschote längs aufschneiden, entkernen, in Streifchen schneiden.

3

Das Butterschmalz in einer Pfanne mit Deckel sehr heiß werden lassen. Die Senfkörner beigeben, bei aufgelegtem Deckel platzen lassen (Pop-Senf). Die Zwiebeln und die Pfefferschoten dazugeben, dünsten. Die Pfanne vom Feuer ziehen, Mango, Essig und Gewürze dazugeben, gut verrühren. Kalt servieren.

Tipp

Passt zum Kashmir-Curry, Seite 63.

Tom's Kashmir Curry

- 800 g Lammragout
- 1 EL kalt gepresstes Distelöl
- 1,5 EL scharfes Currypulver
- 2 EL Kokosfett
- 1 mittelgroße Zwiebel
- 3 Knoblauchzehen
- 1,5 EL Mehl
- 600 ml/6 dl Gemüsebrühe
- 2 Äpfel
- 4 EL saure Dörraprikosen
- 5 entsteinte, halbierte Datteln
- 3 EL Rosinen
- 3 EL Mandeln
- 4 EL Kokosflocken
- 2 EL frisch geriebener Ingwer
- 1/2 TL Kardamompulver
- 1 TL Korianderpulver
- Chilipulver nach Belieben
- Meersalz nach Belieben

Abbildung
Tom's Kashmir Curry mit Mango-Chutney

1
Das Fleisch mit dem Distelöl und dem Curry gut vermengen, 30 bis 60 Minuten marinieren.

2
Die Zwiebel und die Knoblauchzehen schälen und fein hacken. Die Äpfel samt Schale vierteln, entkernen und in Spalten schneiden.

3
Das Kokosfett in einem Brattopf erhitzen, Fleisch, Zwiebeln und Knoblauch darin anbraten. Mit dem Mehl bestäuben, wenden. Die Gemüsebrühe angießen, Früchte, Mandeln und Kokosflocken sowie die Gewürze dazugeben, aufkochen und bei kleiner Hitze rund 90 Minuten köcheln lassen. Mit Chilipulver und Meersalz abschmecken.

Tipp
Mit Basmatireis servieren.

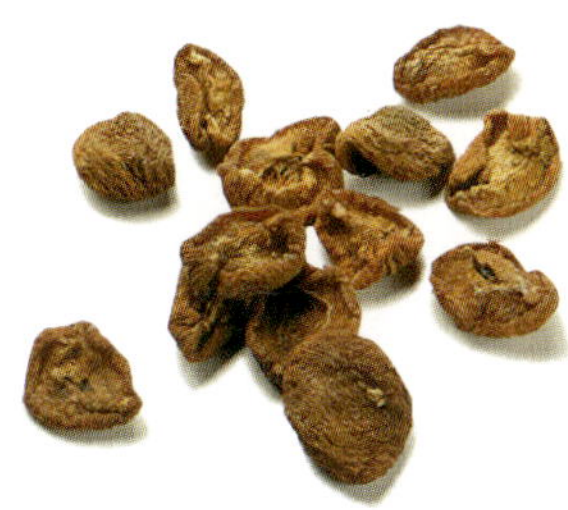

Fleischrouladen
mit Dörrfrüchtefüllung

Füllung
- 50 g saure Dörraprikosen
- 50 g Dörräpfel
- 5 schöne Dörrapfelscheiben
- 100 ml/1 dl Rotwein
- 1 EL milder Senf
- 1 kleine Zwiebel, fein gehackt
- 1 Prise Chilipulver
- 1 Prise geriebene Muskatnuss
- Meersalz

- 4 sehr dünne Scheiben Rinderfleisch zum Saftbraten, je 120–150 g
- 2 TL milder Senf
- Zahnstocher
- 2 EL Kokosfett
- 2 besteckte Zwiebeln (mit Lorbeerblatt und Nelken)
- 3 EL Mehl
- 250 ml/2,5 dl Rotwein
- 200 ml/2 dl Gemüsebrühe

1
Dörraprikosen und Dörräpfel klein schneiden, zusammen mit den Dörrapfelscheiben über Nacht im Rotwein einlegen. Am nächsten Tag die Dörrapfelscheiben herausnehmen und beiseite legen. Senf, Zwiebeln und Gewürze zu den klein geschnittenen Früchten geben, gut vermengen. Mit Salz abschmecken.

2
Die Fleischscheiben flach klopfen, zuerst den Senf darauf ausstreichen, dann die Dörrfrüchtefüllung. Die Scheiben satt einrollen, mit Zahnstochern fixieren.

3
Das Kokosfett in einem Brattopf erhitzen, die Fleischrouladen und die Zwiebeln darin kräftig anbraten, mit dem Mehl bestäuben. Den Rotwein und die Gemüsebrühe angießen, aufkochen, bei kleiner Hitze 50 Minuten schmoren lassen. Die Dörrapfelscheiben die letzten 20 Minuten mitschmoren.

Marokkanisches Lammragout

- 50 g Kichererbsen
- 1 Lorbeerblatt

- 1 TL Chilipulver
- 1 TL Paprikapulver
- 1 Prise geriebene Muskatnuss
- 1 EL Olivenöl extra nativ
- 800 g Lammragout
- 2 EL Olivenöl extra nativ
- 1 mittelgroße Zwiebel
- 2 Knoblauchzehen
- 2 EL Mehl
- 1–2 EL Tomatenkonzentrat
- 100 ml/1 dl Rotwein
- 300 ml/3 dl Wasser
- 5 entsteinte, halbierte Datteln
- 50 g saure Dörraprikosen
- Meersalz

1

Die Kichererbsen über Nacht in reichlich Wasser einlegen. Das Wasser am nächsten Tag weggießen. Die Kichererbsen und das Lorbeerblatt zusammen mit frischem Wasser in einem Kochtopf aufsetzen, aufkochen und bei kleiner Hitze etwa 30 Minuten kochen lassen, bis die Erbsen gar sind.

2

Für die Marinade Chili- und Paprikapulver sowie Muskatnuss und Olivenöl (1 EL) verrühren, mit dem Lammragout vermengen. 30 bis 60 Minuten marinieren.

3

Die Zwiebel und die Knoblauchzehen schälen und fein hacken.

4

Das Öl (2 EL) in einem Brattopf erhitzen, Fleisch, Zwiebeln und Knoblauch darin kräftig anbraten. Mit dem Mehl bestäuben, das Tomatenmark beifügen, wenden. Den Rotwein und das Wasser angießen, aufkochen, Datteln und Dörraprikosen beifügen, bei kleiner Hitze 90 Minuten köcheln lassen. Die Kichererbsen die letzten 10 Minuten mitkochen. Nach Belieben mit Salz abschmecken.

Kalbsrollbraten
mit Dörraprikosenfüllung

Marinade
- 2 EL milder Senf
- 2 EL kalt gepresstes Distelöl
- 1/4 TL geriebene Muskatnuss
- 1/4 TL Pfeffer aus der Mühle

- 800 g Kalbsschulter
- 150 g süße Dörraprikosen
- Haushaltschnur
- 2 EL Kokosfett
- 1 EL Mehl
- Meersalz
- 200 ml/2 dl Rotwein
- 100 ml/1 dl Wasser

1
Die Marinade zubereiten, die Kalbsschulter damit auf beiden Seiten einstreichen. Die Aprikosen darauf verteilen. Das Fleisch satt einrollen und mit der Schnur 3 bis 4 Mal abbinden. 1 bis 2 Stunden marinieren.

2
Das Kokosfett in einem Brattopf erhitzen, den Rollbraten darin rundum kräftig anbraten. Mit dem Mehl bestäuben und dem Salz würzen. Den Rotwein und das Wasser angießen, aufkochen, das Fleisch bei kleiner Hitze 50 Minuten zugedeckt schmoren lassen. Eventuell wenig Rotwein oder Wasser nachgießen. Das Fleisch warm stellen.

3
Die Rotweinsauce passieren, nochmals erhitzen, abschmecken.

4
Die Schnüre lösen, den Braten in Scheiben schneiden, auf vorgewärmten Tellern anrichten. Mit der Sauce umgießen.

Tipp
Mit Polenta oder Kartoffelpüree servieren.

Vollkornbrötchen
mit Dörrfrüchten

- 200 ml/2 dl Rotwein
- 2 EL Pflaumen- oder Kirschwasser (Schnaps)
- 170 g gemischte Dörrfrüchte
- 1 unbehandelte Zitrone, abgeriebene Schale und Saft
- 1 TL Spekulatiengewürz
- ½ TL Zimtpulver
- 2 Prisen Vanillepulver
- 300 g Roggenvollkornmehl
- 300 g Dinkelvollkornmehl
- 30 g Hefe
- 1 EL flüssiger Honig
- 100 ml/1 dl lauwarmes Wasser
- 1,5 TL Meersalz
- 200 ml/2 dl Wasser
- 80 g Nüsse, grob gehackt

- wenig Roggenvollkornmehl zum Bemehlen

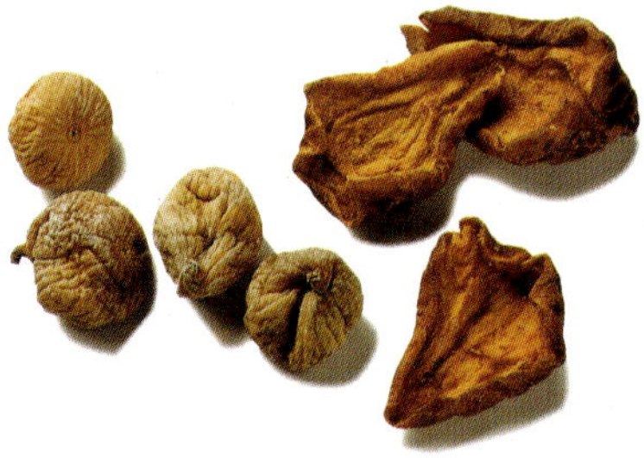

1

Den Rotwein und den Schnaps in eine kleine Schüssel geben. Dörrfrüchte, Zitronenschale und -saft sowie Gewürze beifügen und vermengen, über Nacht stehen lassen.

2

Die beiden Mehle miteinander mischen, eine Vertiefung drücken.

3

Hefe, Honig und Wasser glatt rühren, in die Mehlvertiefung geben. Etwa 2 EL Mehl unter die Flüssigkeit rühren. Die Schüssel mit einem feuchten Tuch bedecken, den Vorteig an einem warmen Ort 15 Minuten gehen lassen.

4

Das Salz und das Wasser zum Vorteig geben, zu einem Teig zusammenfügen. Den Teig auf der Arbeitsfläche 10 Minuten kräftig kneten. Am Schluss die Dörrfrüchte und die Nüsse einarbeiten.

5

Den Teig in die Schüssel legen und mit einem feuchten Tuch bedecken, an einem warmen Ort auf das doppelte Volumen aufgehen lassen.

6

Den Backofen auf 250 Grad vorheizen.

7

Den Teig in etwa 22 Portionen teilen, Kugeln formen und diese im Mehl drehen, in ein gefettetes Backblech legen. Die Brötchen nochmals 5 bis 10 Minuten gehen lassen.

8

Die Brötchen auf mittlerem Einschub zuerst 5 Minuten bei 250 Grad, dann 25 bis 30 Minuten bei 180 Grad backen.

Dörrfrüchtekuchen

für ein Kuchenblech
von 30 cm Durchmesser

Teig
- 220 g Weizenvollkornmehl
- 2 Prisen Meersalz
- 100 g kalte Butter
- 2 EL Akazienhonig
- 1/2 unbehandelte Zitrone, abgeriebene Schale und Saft
- 1 Freilandei

Belag
- 80 g Dörräpfel
- 100 g Rosinen
- 100 g getrocknete Feigen, geviertelt
- 100 g Dörraprikosen
- 100 g entsteinte Dörrpflaumen
- 2 Prisen Lebkuchengewürz
- 2 Prisen Vanillepulver
- 1/2 unbehandelte Zitrone, abgeriebene Schale und Saft
- 100 ml/1 dl Rum
- 200 ml/2 dl Wasser

- 4 EL geriebene Haselnüsse

Guss
- 1 Freilandei
- 100 g/1 dl saure Sahne/Sauerrahm
- 100 ml/1 dl Milch
- 2 EL Akazienhonig
- 2 EL Dinkelvollkornmehl

1
Für den Belag Dörrfrüchte, Gewürze, Zitronensaft, Rum und Wasser in eine nicht zu große Schüssel geben (die Früchte sollen mit der Flüssigkeit bedeckt sein), über Nacht stehen lassen.

2
Für den Teig das Mehl und das Salz mischen. Die in Stückchen geschnittene Butter zum Mehl geben, mit den Fingern krümelig reiben. Honig, Zitronenschale, Zitronensaft und Ei beigeben, zu einem geschmeidigen Teig zusammenfügen, nicht kneten. Falls der Teig zu trocken ist, wenig Wasser einarbeiten. Den Teig zwischen zwei Klarsichtfolien auf Blechgröße ausrollen, in die gefettete Form legen, 30 Minuten kühl stellen.

3
Den Backofen auf 200 Grad vorheizen.

4
Für den Guss das Ei verquirlen. Saure Sahne, Milch, Honig und Mehl beigeben, glatt rühren.

5
Die geriebenen Nüsse auf den Teigboden streuen. Die Dörrobstfüllung darauf verteilen. Den Guss darüber gießen.

6
Den Dörrfrüchtekuchen im Backofen bei 200 Grad rund 35 Minuten backen.

Annas Birnenwecken

Füllung
- 260 g Dörrbirnen
- 200 g entsteinte Dörrpflaumen
- 100 g Dörräpfel
- 400 ml/4 dl Rotwein
- 200 ml/2 dl Wasser
- 1 Prise Nelkenpulver
- 1 Prise geriebene Muskatnuss
- 2 Prisen Ingwerpulver
- 1/2 TL Bourbon Vanillepulver
- 1/2 TL Zimtpulver
- 1 unbehandelte Zitrone, abgeriebene Schale
- 1 verquirltes Freilandei

Teig
- 10 g Hefe
- 1/2 TL flüssiger Honig
- 50 ml/0,5 dl Milch
- 250 g Mehl
- 1 TL Meersalz
- 100 ml/1 dl Milch
- 40 g Butter
- 1 Eigelb

1

Trockenfrüchte, Rotwein und Wasser in eine Schüssel geben und über Nacht stehen lassen. Die Früchte samt Flüssigkeit pürieren oder durch den Fleischwolf drehen. Die Gewürze unterrühren.

2

Die Hefe mit dem Honig und der Milch glatt rühren. Das Mehl in eine Schüssel geben und eine Vertiefung machen. Die Hefeflüssigkeit in die Vertiefung gießen. Mit einem Esslöffel etwas Mehl unter die Flüssigkeit rühren. Die Schüssel mit einem feuchten Tuch bedecken und den Vorteig an einem warmen Ort 15 Minuten gehen lassen. Das Salz zum Vorteig geben, gut mischen. Die Milch und die Butter in einer Pfanne leicht erwärmen, bis die Butter flüssig ist. Die Milchbutter zum Vorteig geben. Alles zusammenfügen und den Teig auf der Arbeitsfläche 15 Minuten von Hand kneten oder 5 Minuten mit der Teigknetmaschine. Der Teig soll elastisch und weich sein. Den Teig in die Schüssel legen, mit einem feuchten Tuch bedecken. An einem warmen Ort auf das doppelte Volumen aufgehen lassen.

3

Den Teig halbieren und 3 mm dick zu Rechtecken ausrollen. Die Trockenobstmasse auf die Teigstücke streichen, auf allen Seiten 2 cm Rand freilassen. Die Schmalseiten einschlagen und den Teig von der Längsseite her einrollen. Das Teigende mit wenig Ei einpinseln und fest drücken.

4

Den Backofen auf 200 Grad vorheizen.

5

Die beiden Wecken mit dem Teigende nach unten in ein eingefettetes Backblech legen, eventuell flach drücken. Mit dem Ei einpinseln. Die Wecken mit einer Gabel im Abstand von 2 cm einstechen. Nochmals 10 Minuten gehen lassen.

6

Die Birnenwecken im Backofen bei 200 Grad 40 bis 50 Minuten backen.

Winterriegel

- 30 g Mandeln
- 2 EL Sonnenblumenkerne
- 300 g getrocknete Früchte, z. B. Aprikosen, Pflaumen, Feigen
- 4 EL Kokosraspel
- 120 g Vollrohrzucker
- 2 EL Rum
- 1/2 Zitrone, Saft
- 1/2 TL Zimtpulver
- 100 g Vollkornmehl
- 100 g Haferflocken
- 2 Msp Weinsteinbackpulver
- ca. 150 g Magerquark

1
Die Mandeln grob hacken, zusammen mit den Sonnenblumenkernen in einer Bratpfanne ohne Fett rösten. Die getrockneten Früchte klein würfeln.

2
Den Backofen auf 150 Grad vorheizen.

3
Alle Zutaten in einer Schüssel vermengen und mit den Händen zu einer kompakten, feuchten Masse kneten.

4
Den Teig etwa 15 mm dick ausrollen. 3 cm breite und 8 cm lange Riegel schneiden.

5
Die Riegel im Backofen bei 150 Grad rund 30 Minuten backen.

Glarner Pastetchen

für 8 Stück

- 200 g entsteinte Dörrpflaumen
- 150 ml/1,5 dl Wasser
- 2 EL Kirschwasser (Schnaps)
- 1 Prise Vanillepulver
- 1 Prise Zimtpulver
- 1 Prise Kardamompulver
- 1 TL abgeriebene Schale einer unbehandelten Zitrone

- 250 g Vollkorn-Blätterteig
- Staub-/Puderzucker

1
Die Dörrpflaumen über Nacht im Wasser und im Kirsch einlegen. Am nächsten Tag zusammen mit dem Einweichwasser und den Gewürzen pürieren.

2
Den Backofen auf 210 Grad vorheizen.

3
Den Teig etwa 2 mm dick ausrollen. 8 Rondellen ausstechen, die etwas größer als die Briocheförmchen sind. In die Förmchen legen, den Teig mit einer Gabel einstechen. Aus dem restlichen Teig Rondellen für die Deckel ausstechen, die den Durchmesser des Förmchenrandes haben. In der Mitte ein Loch ausstechen (1 cm Durchmesser). Die Dörrpflaumenfüllung in die Förmchen füllen. Den Rand darüber legen, mit Wasser einpinseln. Den Deckel darauf legen, gut andrücken.

4
Die Glarner Pastetchen im Backofen bei 210 Grad 15 bis 20 Minuten backen. Auskühlen lassen, aus den Förmchen nehmen. Mit Staubzucker bestäuben.

Omas Hutzlebrot

für eine Kastenform von 30 cm Länge oder 2 kleine von etwa 20 cm Länge

- 4 EL Orangenlikör
- 100 g Weinbeeren
- 100 g Korinthen
- 125 g getrocknete Apfelstückchen
- 8 Dörrpflaumen
- 4 getrocknete Feigen
- 100 g Mandeln
- 50 g Walnuss-/Baumnusskerne
- 20 g Hefe
- 1 EL Vollrohrzucker
- 250 g Dinkelruchmehl
- 2 TL Zimtpulver
- 1/2 TL gemahlener Anis
- 1 Msp Nelkenpulver
- 1 Msp Kardamom
- 100 g kandierte Fruchtwürfelchen (Reformhaus)

1

Die Weinbeeren und die Korinthen mit dem Orangenlikör marinieren.

2

Die Apfelstückchen einige Stunden in kaltem Wasser einweichen. Anschließend im Einweichweichwasser während rund 30 Minuten weich kochen, im Sud auskühlen lassen. Die Apfelstückchen mit einem Schaumlöffel herausnehmen, den Sud aufbewahren.

3

Die Pflaumen und die Feigen klein würfeln. Die Mandeln und die Walnüsse grob hacken.

4

Die Hefe mit dem Zucker flüssig rühren.

5

Das Mehl in eine Schüssel geben. Flüssige Hefe, etwa 100 ml/1 dl Einweichwasser der Äpfel sowie alle Gewürze beifügen und verrühren. Sämtliche Früchte und Nüsse unterrühren, den Teig kräftig kneten. Zugedeckt über Nacht aufgehen lassen.

6

Den Teig nochmals gut kneten. In die Form füllen. Nochmals 30 Minuten gehen lassen.

7

Den Backofen auf 170 Grad vorheizen.

8

Das Hutzlebrot im vorgeheizten Ofen bei 170 Grad rund 50 Minuten backen. Von Zeit zu Zeit mit dem Einweichwasser einpinseln.

Tipp

Das Hutzlebrot mindestens 2 Tage ruhen lassen. Das Brot ist 2 Wochen haltbar.

Schoko-Rosinen-Cake

für eine Kasten-/Cakeform
von 28 bis 30 cm

- 200 g Rosinen
- 100 ml/1 dl Rum
- 150 g Vollrohrzucker
- 160 g weiche Butter
- 4 Eigelb
- 100 g dunkle Schokolade, gewürfelt
- 1 große Prise Zimtpulver
- 100 ml/1 dl Milch
- 4 Eiweiß
- 2 TL phosphatfreies Backpulver
- 220 g Dinkelvollkornmehl oder -ruchmehl

Abbildung
Schoko-Rosinen-Cake mit
Mango- und Kiwisauce

1
Rosinen über Nacht im Rum einlegen.

2
Vollrohrzucker und Butter luftig aufschlagen. Eigelb dazugeben und 5 Minuten weiter schlagen. Schokoladenwürfelchen, Zimtpulver und Milch unterrühren.

3
Den Backofen auf 180 Grad vorheizen. Die Kastenform mit Backtrennpapier auskleiden.

4
Das Eiweiß zusammen mit dem Backpulver steif schlagen.

5
Den Eischnee und das Mehl abwechslungsweise unter die Eigelb-Butter-Masse ziehen. In die Form füllen.

6
Den Schoko-Rosinen-Cake im Backofen bei 180 Grad 45 Minuten backen. Den Cake etwas abkühlen lassen, dann aus der Form nehmen.

Tipp
Den Cake mit einer Mango- und Kiwisauce servieren. Für die Kiwisauce 2 Kiwis schälen und zerkleinern, zusammen mit 1 TL Zitronensaft und 1 TL Blütenhonig pürieren. Für die Mangosauce 60 g getrocknete Mangos 3 Stunden in 100 ml/1 dl Wasser einlegen. Dann Mangos, Einweichwasser sowie 150 ml/1,5 dl Wasser, $^1/_2$ TL Zitronensaft und 1 TL Akazienhonig fein pürieren.

Ananascake

für eine Kasten-/Cakeform
von 30 bis 32 cm Länge

- 200 g getrocknete Ananas
- 250 ml/2,5 dl Wasser
- 150 g weiche Butter
- 4 Eigelb von Freilandeiern
- 100 g Akazienhonig
- 50 g Vollrohrzucker
- 1 unbehandelte Zitrone, abgeriebene Schale und Saft
- 1/2 TL Ingwerpulver
- 4 Eiweiß
- 2 TL phosphatfreies Backpulver
- 350 g Dinkelvollkornmehl

- 4 EL Orangen- oder Aprikosenmarmelade
- 2 EL Wasser

1
Die getrockneten Ananas über Nacht im Wasser einlegen. Am nächsten Tag aus dem Einweichwasser nehmen und fein hacken.

2
Butter, Honig und Zucker luftig aufschlagen, Eigelb dazugeben und 5 Minuten weiter schlagen. Zitronenschale, Zitronensaft Ananasstückchen und Ingwer unterrühren.

3
Den Backofen auf 180 Grad vorheizen. Die Kastenform gut einfetten oder mit Backtrennpapier auskleiden.

4
Das Eiweiß mit dem Backpulver zu Schnee schlagen.

5
Den Eischnee und das Mehl abwechslungsweise unter die Butter-Ei-Masse ziehen. In die Form füllen.

6
Den Ananascake im Backofen bei 180 Grad 50 bis 60 Minuten backen.

7
Den noch lauwarmen Cake aus der Form nehmen. Die Marmelade mit dem Wasser erwärmen, den Cake damit einpinseln.

Tipp
Den Ananascake am besten einen Tag ruhen lassen, dann ist das Ananasaroma noch intensiver.

Früchte-Muffins

- 100 g getrocknete Früchte, z. B. Pflaumen, Aprikosen
- 150 g Vollkornmehl
- 2 TL Weinsteinbackpulver
- 1/2 TL Meersalz
- 50 g Hafer- oder Weizenkleie
- 100 g Fünfkornflocken
- 150 g flüssiger Honig
- 1 Freilandei
- 50 g flüssige Butter
- 200 ml/2 dl Milch

1

Den Backofen auf 180 Grad vorheizen.

2

Die getrockneten Früchte klein schneiden.

3

Mehl, Backpulver, Salz, Kleie und Flocken in einer Schüssel gut mischen.

4

Honig, Ei, Butter und Milch verrühren, zusammen mit den getrockneten Früchten zur Mehlmischung geben, vermengen, nur so lange, bis alles gut gemischt ist.

5

Kleine Papierförmchen oder eingefettete Blechförmchen bis zu zwei Drittel mit dem Teig füllen.

6

Die Muffins im Backofen bei 180 Grad rund 25 Minuten backen.

Orangenköpfchen
an Dattelsauce

für 4 bis 5 Köpfchen

- 1 EL Korinthen
- 40 ml/0,4 dl Grand Marnier
- 1,5 TL Agar-Agarpulver
- 3 EL Wasser
- 1/2 l Orangensaft
- 1 TL abgeriebene Schale einer unbehandelten Orange
- 2 EL Akazienhonig

Sauce
- 140 g entsteinte Datteln (Medjool)
- 200 ml/2 dl Wasser

1
Die Korinthen über Nacht im Grand Marnier einlegen.

2
Agar-Agar im Wasser auflösen, 5 Minuten quellen lassen.

3
Agar-Agar und Orangensaft aufkochen, 10 Minuten bei kleiner Hitze köcheln lassen (klar kochen). Orangenschale, Akazienhonig und Korinthen samt Flüssigkeit dazugeben, aufkochen. Die Förmchen mit kaltem Wasser ausspülen, mit der Orangencreme füllen, im Kühlschrank 3 bis 4 Stunden fest werden lassen.

4
Die Datteln 30 Minuten im Wasser einlegen, mit dem Einweichwasser pürieren.

5
Den Rand der Souffléförmchen mit einem Messer lösen. Die Köpfchen auf Teller stürzen, mit der Dattelsauce umgießen.

Aprikosencreme

- 100 g Dörraprikosen
- 100 ml/1 dl Wasser
- 400 g Vollmilchquark
- 2 EL Zitronensaft
- 50–100 ml/0,5–1dl Wasser
- 2 EL Akazienhonig
- 1 Prise Kardamompulver
- 1 Prise Ingwerpulver
- 1 Prise Meersalz
- 1 Prise Cayennepfeffer

Garnitur
- süße Schlagsahne/Schlagrahm
- fein geschnittene Dörraprikosen
- Pfefferminze

1
Die Aprikosen über Nacht im Wasser einlegen, am nächsten Tag mit dem Einweichwasser pürieren, in eine Schüssel geben.

2
Quark, Zitronensaft, Wasser und Honig zum Aprikosenpüree geben, mit dem Handrührgerät luftig aufschlagen. Würzen.

3
Die Aprikosencreme in Portionenschalen anrichten. Mit Schlagsahne, Aprikosenstreifchen und Pfefferminze garnieren.

Jamaica-Parfait

- 100 g Sultaninen
- 100 ml/1 dl Rum
- 1 Freilandei
- 3 EL Akazienhonig
- 250 g/2,5 dl süße Sahne/Rahm
- 1 Prise Vanillepulver
- 1 Prise geriebene Muskatnuss

1
Die Sultaninen über Nacht im Rum einlegen.

2
Das Ei mit dem Akazienhonig luftig aufschlagen.

3
Die süße Sahne mit den Gewürzen steif schlagen.

4
Sultaninen samt Rum sowie Schlagsahne unter die Eicreme ziehen. Die Parfaitmasse in einen geeigneten Behälter füllen und im Tiefkühler fest werden lassen, 2 bis 3 Stunden.

Erfrischendes Sauermilchdessert

mit Dörraprikosen und Feigen

- 400 ml/4 dl Sauermilch
- 1/4 TL Kurkuma (Gelbwurz)
- 3 EL Akazienhonig
- 1 EL abgeriebene Schale einer unbehandelten Orange
- 7 Dörraprikosen
- 2 getrocknete Feigen
- 2 EL Korinthen
- 150 g/1,5 dl süße Sahne/Rahm

1

Sauermilch, Kurkuma, Honig und Orangenschale verrühren.

2

Dörraprikosen und getrocknete Feigen klein schneiden, zusammen mit den Korinthen zur Sauermilch geben, 1 bis 2 Stunden ziehen lassen.

3

Die Sahne steif schlagen, unter die Creme ziehen. Sofort servieren.

Süßer Hirsebrei

mit Dörrfrüchten

- 120 g Hirse
- 700 ml/7 dl Milch
- 120 g geviertelte Dörraprikosen
- 20 g Korinthen
- 1 EL Butter
- 2 Prisen Zimtpulver
- 2 Prisen Vanillepulver

1

Hirse, Milch, Dörraprikosen, Korinthen und Butter in einen Kochtopf geben, unter Rühren aufkochen, bei kleiner Hitze unter häufigem Rühren 20 bis 30 Minuten zu einem Brei einkochen lassen. Mit dem Zimt- und Vanillepulver würzen. Sofort servieren.

Tipp

Zu diesem warmen Dessert passt die Mangosauce, Seite 75.

Mangomousse

- 100 g getrocknete Mangos
- 150 ml/1,5 dl Wasser
- 1 TL Agar-Agarpulver
- 2 EL Wasser
- 3 EL Akazienhonig
- 1/2 TL abgeriebene Schale einer unbehandelten Zitrone
- 2 EL Zitronensaft
- 1 Eiweiß von einem Freilandei
- 100 g/1 dl süße Sahne/Rahm

1
Die Mangostücke über Nacht im Wasser einlegen, am nächsten Tag zusammen mit dem Einweichwasser pürieren.

2
Agar-Agar im Wasser (2 EL) auflösen, 5 Minuten quellen lassen.

3
Mangopüree, Agar-Agar, Honig, Zitronengelb und Zitronensaft in einen Kochtopf geben, unter Rühren aufkochen und 1 bis 2 Minuten köcheln lassen. Die Creme in einer Schüssel auf 38 bis 40 Grad abkühlen lassen.

4
Das Eiweiß und die süße Sahne getrennt steif schlagen, beides unter die Mangocreme ziehen. Die Mousse im Kühlschrank fest werden lassen, 4 bis 6 Stunden.

5
Von der Mousse mit einem Eisportionierer Kugeln oder mit einem Esslöffel Klöße abstechen, auf Tellern anrichten. Mit Saisonfrüchten garnieren.

Feigenmousse

- 200 g getrocknete Feigen
- 300 ml/3 dl Wasser
- 1,5 TL Agar-Agarpulver
- 1 EL Zitronensaft
- 1 EL Portwein
- 1 Prise Zimtpulver
- 1 Prise Vanillepulver
- 1 Prise Nelkenpulver
- 100 g/1 dl süße Sahne/Rahm

1
Die Feigen klein schneiden, über Nacht im Wasser einlegen. Am nächsten Tag die Früchte mit dem Einweichwasser pürieren.

2
Agar-Agar mit 2 EL Wasser verrühren, 5 Minuten quellen lassen.

3
Feigenpüree, Agar-Agar, Zitronensaft, Portwein und Gewürze in einen Kochtopf geben, unter Rühren aufkochen, bei kleiner Hitze 2 Minuten köcheln lassen. Die Feigenmasse in eine Schüssel gießen, auf 38 bis 40 Grad abkalten lassen.

4
Die süße Sahne steif schlagen, unter die Feigenmasse ziehen. Die Mousse im Kühlschrank 3 bis 4 Stunden fest werden lassen.

5
Von der Mousse mit einem Eisportionierer Kugeln oder mit einem Esslöffel Klöße abstechen, auf Tellern anrichten. Mit Saisonfrüchten garnieren.

Abbildung
Feigenmousse (Mitte)
Mangomousse (links und rechts)

Feigen im Gewürztraminer

mit Ingwerschaum

- 12 getrocknete Feigen (aus Iran, wilde Sorte)
- 2 Prisen Galgantpulver
- 2 Prisen Pimentpulver
- 220 ml/2,2 dl Gewürztraminer (fruchtiger süßlicher Weißwein)
- 1,5 EL Akazienhonig
- 1,5 TL Pfeilwurzelmehl

Ingwerschaum
- 150 g/1,5 dl süße Sahne/Rahm
- 1/2 TL Waldhonig
- 2 Prisen Ingwerpulver

1
Die getrockneten Feigen mit den Gewürzen im Gewürztraminer einlegen, über Nacht stehen lassen.

2
Den Wein am nächsten Tag in einen Kochtopf abgießen. Den Honig und das Pfeilwurzelmehl beigeben, unter Rühren aufkochen, köcheln lassen, bis die Flüssigkeit bindet. Die Feigen kurz vor dem Servieren in der Sauce erwärmen.

3
Die süße Sahne mit dem Honig und dem Ingwerpulver steif schlagen.

4
Die Feigen zusammen mit dem Ingwerschaum auf Tellern anrichten.

Winterlicher Fruchtsalat

- 100 ml/1 dl fruchtiger Rotwein
- 2 EL Pflaumenwasser (Schnaps)
- 1/2 Zitrone, Saft
- 1 TL abgeriebene Schale einer unbehandelten Orange
- 1 Prise Zimtpulver
- 1 Prise Lebkuchengewürz
- 150 g gemischtes Dörrobst (Pflaumen, Aprikosen, Äpfel, Birnen)

- 2 große rote Äpfel

1

Rotwein, Pflaumenwasser, Zitronensaft und Gewürze in eine kleine Schüssel (das Dörrobst soll mit der Flüssigkeit bedeckt sein) geben und verrühren. Das Dörrobst entsteinen und in mundgerechte Stücke schneiden, für 12 bis 24 Stunden in die Rotweinmarinade legen.

2

Die Äpfel samt Schale vierteln, entkernen und in feine Spalten schneiden.

3

Die Apfelspalten mit den Dörrfrüchten vermengen, sofort servieren.

Tipp

Mit flaumig geschlagener süßer Sahne servieren.

Orangen-Dattel-Salat

- 15 Datteln
- 4 Blondorangen
- 1 Prise Ingwerpulver
- 1 Prise Kardamom (Gelbwurz)
- 1 Prise Korianderpulver
- 1 TL Aspretto d'arancia (Orangenessig)

1

Die Datteln entsteinen und in Streifen schneiden.

2

Eine Orange auspressen. Den Orangensaft mit den Gewürzen und dem Aspretto aromatisieren.

3

Die restlichen Orangen schälen, auch die weißen Häutchen entfernen, in 2 bis 3 mm dicke Scheiben schneiden, die Kerne entfernen.

4

Die Orangenscheiben auf Tellern anrichten, die Datteln darauf verteilen, mit der Orangenmarinade beträufeln. Vor dem Servieren einige Minuten stehen lassen.

Rotweinfeigen
mit Nusscreme

Rotweinfeigen
- 300 ml/3 dl fruchtiger Rotwein
- 1 TL abgeriebene Schale einer unbehandelten Orange
- 1 Prise Zimtpulver
- 1 Prise Pfeffer aus der Mühle
- 1 Prise Nelkenpulver
- 2–3 EL Vollrohrzucker
- 12 getrocknete Feigen
- 1 EL Pfeilwurzelmehl

Nusscreme
- 300 g/3 dl süße Sahne/Rahm
- 3 EL Baileys
- 1 EL Haselnussmus
- 2 EL flüssiger Blütenhonig
- 2 EL Naturjogurt
- 1 Prise Zimtpulver
- 1 Prise Vanillepulver

1

Rotwein Orangenschale, Gewürze und Zucker zusammen mit den Feigen in eine nicht zu große Schüssel geben (die Früchte sollen mit der Flüssigkeit bedeckt sein), 24 Stunden marinieren.

2

Die Marinade in einen Kochtopf gießen. Das Pfeilwurzelmehl unter die Marinade rühren, aufkochen und 2 bis 3 Minuten bei kleiner Hitze köcheln lassen. Kurz vor dem Servieren die Feigen in der Rotweinsauce erwärmen.

3

Für die Nusscreme sämtliche Zutaten mit der süßen Sahne steif schlagen.

4

Die Feigen zusammen mit der Rotweinsauce anrichten. Mit einem großen Klecks Nusscreme garnieren.

Tipp

Die Nusscreme ist ein feines, schnelles Dessert; sie kann auch solo serviert werden.

Grießroulade
mit Aprikosenfüllung

Füllung
- 300 g süße Dörraprikosen
- 200 ml/2 dl Wasser
- 1 TL abgeriebene Schale einer unbehandelten Zitrone
- 1 EL Zitronensaft

Grießbrei
- 100 g Weizenvollkorngrieß
- 350 ml/3,5 dl Milch
- 1,5 EL Honig
- 1 Prise Zimtpulver
- 1/2 Prise Nelkenpulver
- 1 Prise Vanillepulver

Garnitur
- 5 EL fein gehackte Pistazien
- süße Schlagsahne/Schlagrahm
- Dörraprikosenstückchen

1
Die Aprikosen über Nacht im Wasser einlegen. Am nächsten Tag die Früchte samt Einweichwasser, Zitronenschale und Saft pürieren.

2
Den Rücken eines rechteckigen Kuchenbleches mit Backtrennpapier belegen.

3
Für den Grießbrei sämtliche Zutaten in einen Kochtopf geben, unter Rühren aufkochen und während 8 bis 10 Minuten bei kleiner Hitze köcheln lassen. Den heißen Brei 4 mm dick auf dem vorbereiteten Blech ausstreichen. Das Aprikosenpüree darauf verteilen. Zu einer Roulade einrollen. Erkalten lassen.

4
Die Roulade in 10 bis 15 mm dicke Scheiben schneiden, auf Tellern anrichten. Mit Pistazien, Aprikosenstückchen und Schlagsahne garnieren.

Dattelterrine
an Orangensauce

für eine Terrineform
von 600–700 ml/6-7 dl Inhalt

- 150 g entsteinte Datteln (Medjool)
- 100 ml/1 dl Wasser
- 1,5 TL Agar-Agarpulver
- 3 EL Wasser
- 100 ml/1dl Milch
- 200 g/ 2 dl süße Sahne/Rahm
- 1 Prise Instant-Kaffeepulver

Sauce
- 200 ml/2 dl Orangensaft
- 1 EL Akazienhonig
- 2 TL Pfeilwurzelmehl

1
Die Datteln 1 bis 2 Stunden im Wasser einlegen, mit dem Einweichwasser pürieren.

2
Agar-Agar im Wasser (3 EL) auflösen, 5 Minuten quellen lassen.

3
Milch, süße Sahne, Kaffeepulver, Dattelpüree und Agar-Agar in einem Kochtopf unter Rühren aufkochen, 5 Minuten bei kleiner Hitze köcheln lassen.

4
Die Terrineform mit kaltem Wasser ausspülen, die Fruchtmasse einfüllen. Im Kühlschrank 5 bis 6 Stunden fest werden lassen.

5
Für die Sauce Orangensaft, Honig und Pfeilwurzelmehl in einer Pfanne unter Rühren aufkochen. Erkalten lassen.

6
Den Rand der Terrine mit einem Messer lösen, stürzen und in 1,5 bis 2 cm dicke Scheiben schneiden. Auf Tellern anrichten, mit der Orangensauce umgießen.

Bezugsquelle für biologische Dörrfrüchte in der Schweiz

Vanadis AG, Sirnach
Die Dörrfrüchte sind in Bioläden, Reformhäusern oder im Postversand (Kornhaus zum Vogelsang, 8374 Dussnang) erhältlich.

Biofarm, Kleindietwil
Die Dörrfrüchte sind in Reformhäusern, Drogerien mit Reformabteilung, Bio- und Claroläden erhältlich.

Beat Gerber, Hinterbrügglen, Wynigen
Spezial-Trockenfrüchte-Versand.
Tel./Fax 031/ 415 40 51/52
Zudem jeden Samstagmorgen auf dem Markt in Bern (Münstergasse) Verkauf und Degustation.

Bezugsquelle für biologische Dörrfrüchte in Deutschland

Rapunzel, Legau
Die Dörrfrüchte sind in Naturkostläden und im Reformfachhandel erhältlich.

Naturata, Lauda
Die Dörrfrüchte sind in Naturkostläden und im Reformfachhandel erhältlich.

Literaturhinweis

Bühler, Margrit; Spreng, Anna: Einmachen. Midena

Krebs, Susanna; Tempelmann, Yvonne: Die Jahreszeiten-Küche – Früchte und Beeren. Unionsverlag

Krieger, Verena: Natürlich und gesund einmachen. AT Verlag

Liebster, Günter. Warenkunde Obst & Gemüse, Band 1, Morion Verlag

Rapunzel Trockenfrüchte, Legau. Produkteinfo Nr. 7

Dörren – mit dem SIGG Dörrex

Dörren – die energiebewusste Konservierungsmethode

Der aus dauerhaftem Metall gefertigte Dörrex ist äußerst pflegeleicht und hygienisch; er macht das Dörren einfach und sicher. Mit den stapelbaren Siebaufsätzen aus Chromnickelstahl kann gleichzeitig auf mehreren Etagen getrocknet werden. Bis zu 10 Siebe mit unerschiedlichem Dörrgut – und garantiert ohne Geschmacksübertragung – sind möglich. Für eine optimale und schonende Luftzirkulation sorgt die stufenlos regulierbare Heizung. Übrigens: Mit der Konservierungmethode «Dörren» sparen Sie mindestens die Hälfte an Energie, die für das entsprechende Tiefkühlen über Monate nötig ist. Ihr Umweltbewusstsein zahlt sich auch hier aus.

Dörren – Konservierungsmethode durch Wasserentzug

Die meisten Obst- und Gemüsearten können durch Wasserentzug, d. h. durch das Dörren, haltbar gemacht werden. Das Ziel dieser Konservierungsart ist, den schädlichen Mikroorganismen die Lebensgrundlage, d. h. die Wärme und die Feuchtigkeit zu entziehen. Bei den meisten Bakterien wird die Vermehrung bei weniger als 35% Wassergehalt stark gehemmt. Hingegen stellen die Schimmelpilze ihre Funktion erst ein, wenn der Wassergehalt tiefer als 15% ist. Frische Nahrungsmittel besitzen einen relativ hohen Wassergehalt von 80 bis 90%.

Dörren – die vielen Vorteile

- Dörrfrüchte sind wertvolle Energiespender
- Die Inhaltsstoffe des Rohproduktes bleiben weitgehend erhalten
- Dörrfrüchte fördern die Verdauung
- Dörrfrüchte sind frei von Konservierungsmitteln
- Einfache, platzsparende Lagerung von Nahrungsmitteln

Bezugsquellen

Deutschland: Fachhandel und Kaufhäuser, Kontakt: Spring GmbH, Kundendienst, Tel. 075 / 31 90 58 14, Fax 075 / 31 90 58 99
Österreich: Fachhandel und Warenhäuser, Kontaktadresse:
Handelsagentur Günther Maukner, Schmiedingerstrasse 2, 5020 Salzburg,
Tel. 0662 43 92 83, Fax 0662 43 92 84
Schweiz: Fachhandel und Warenhäuser, Kontaktadresse:
Spring AG, Kundendienst, 8360 Eschlikon, Tel. 071 / 973 75 27, Fax 071 / 973 75 76